रामायण

विनय-खण्ड

तुलसीदास व राम की शक्ति-पूजा

संरक्षण

योगी आदित्यनाथ

माननीय मुख्यमंत्री, उत्तर प्रदेश

मार्गदर्शन

श्री जयवीर सिंह

माननीय मंत्री, संस्कृति एवं पर्यटन विभाग, उत्तर प्रदेश

निर्देशन

श्री मुकेश कुमार मेश्राम

प्रमुख सचिव, संस्कृति एवं पर्यटन विभाग, उत्तर प्रदेश
अध्यक्ष-संस्थान

श्री शिशिर

निदेशक, संस्कृति निदेशालय, उत्तर प्रदेश
उपाध्यक्ष-संस्थान

कार्यकारी संपादक

डॉ. लवकुश द्विवेदी

रामायण

विनय-खण्ड

तुलसीदास व राम की शक्ति-पूजा

श्रीमद्गोस्वामी तुलसीदासकृत
का
अवधी से हिन्दी-अनुवाद

सूर्यकान्त त्रिपाठी 'निराला'

वाणी प्रकाशन | ESTD.-1986 अयोध्या शोध संस्थान

सजिल्द प्रथम संस्करण : 2023

वाणी प्रकाशन

4695, 21-ए, दरियागंज, नयी दिल्ली-110 002

फ़ोन : +91 11 23273167, 23275710

शाखाएँ

अशोक राजपथ, पटना-800 004, बिहार

कॉफ़ी हाउस कैम्पस, महात्मा गांधी मार्ग, इलाहाबाद-211 001, उत्तर प्रदेश

महात्मा गांधी अन्तरराष्ट्रीय हिन्दी विश्वविद्यालय, वर्धा-442 001, महाराष्ट्र

36/ए, शेक्सपियर सरणी, रानी बिरला गर्ल्स कॉलेज के पास, कोलकाता-700 017, प. बंगाल

sales@vaniprakashan.in

vaniprakashan@gmail.com

In Association with

ESTD.-1986

Ayodhya Shodh Sansthan

presents

Ramayan : Vinay-Khand

Translated by Suryakant Tripathi 'Nirala'

ISBN : 978-93-5229-478-7

Religion/Culture

मूल्य : ₹ 2000

आर.के. ऑफ़सेट, शाहदरा, दिल्ली-110 032 में मुद्रित

स्वर्गीया कवि साहित्यिक श्रेष्ठा

सुभद्रा कुमारी चौहान

की स्मृति में

—सूर्यकान्त त्रिपाठी 'निराला'

रामायण

(विनय-खण्ड)

निरालाकृत इस काव्यानुवाद को मैंने तब देखा था जब मैं बनारस में स्कूल का छात्र था। यह भी याद है कि यह सम्भव हुआ था त्रिलोचन जी के कारण, जिन्हें वह काव्यानुवाद की प्रति राष्ट्रभाषा विद्यालय, काशी से प्राप्त हुई थी। निराला जी उन दिनों अस्वस्थ थे और विद्यालय के प्रधानाचार्य श्री गंगाधर मिश्र के आवास पर विश्राम कर रहे थे। यह अनुवाद-कार्य वहीं सम्पन्न हुआ था और उस समय काशी के अख़बारों में इसकी चर्चा भी हुई थी। निराला जी रामायण (रामचरितमानस) का खड़ीबोली में भाषान्तर कर रहे हैं—इसके प्रति वहाँ के साहित्यिक जगत में एक गहरी उत्सुकता थी—हालाँकि जब वह राष्ट्रभाषा विद्यालय की ओर से प्रकाशित होकर आया तो उसकी प्रतियाँ बहुत कम हाथों तक पहुँच पायी थीं। सम्भवतः बहुत कम प्रतियाँ छपने के कारण। इस लम्बे अन्तराल में निराला के बृहत्तर पाठकों के लिए यह विलक्षण अनुवाद लगभग दुर्लभ ही बना रहा।

यह प्रसन्नता की बात है कि अब वाणी प्रकाशन उस ऐतिहासिक काव्यानुवाद को नये रूपाकार में सामने ला रहा है—यह एक स्वागतयोग्य कदम है। इस प्रकाशन से एक बहुत बड़े अभाव की पूर्ति हो रही है, यह कहना अनावश्यक है।

यह पूरी रामायण का अनुवाद नहीं है—केवल उसके विनयपरक छन्दों का भाषान्तरण यहाँ किया गया है। यह निराला का अपना चयन है या प्रकाशक के अनुरोध पर ऐसा किया गया है—यह जानने का कोई उपाय नहीं है। केवल प्रथम संस्करण में छपे श्री गंगाधर मिश्र के 'आवेदन' से इस पर थोड़ा प्रकाश पड़ता है, जिसके अन्त में कहा गया है—'हमें पूर्ण विश्वास है कि महाकवि की यह विनय भाग की भेंट राष्ट्रकवियों की सेवासाधना में सर्वथा सामयिक और स्तुत्य सिद्ध होगी।' हम केवल अनुमान ही कर सकते हैं कि इस चयन और नामकरण के पीछे

महाकवि के आतिथेय श्री गंगाधर शास्त्री के अनुरोध की भूमिका ज़रूर रही होगी, जिनका निराला जी बहुत सम्मान करते थे।

पुस्तक में एक महत्त्वपूर्ण भूमिका डॉ. रामविलास शर्मा की है, जिस पर 1 जून 1948 की तिथि पड़ी है। उन्होंने इस भाषान्तर-कार्य को ऊँची-नीची धरती पर रचे गये एक नये मार्ग के समान माना है जिसका उद्देश्य है गोस्वामी जी तथा हिन्दी पाठकों के बीच के शिथिल होते सम्बन्ध को दृढ़ करना। पर महाकवि के 'निवेदन' में कही गयी यह बात ज्यादा महत्त्वपूर्ण लगती है कि 'जिन प्रान्तों के विद्यार्थी अवधी नहीं जानते उनकी सुविधा के लिए ऐसा करना आवश्यक समझा गया।'

जहाँ तक इस अनुवाद की सफलता और गुणवत्ता का सवाल है, उस पर अधिकारी विद्वान चर्चा करेंगे—यह एक बन्द दरवाज़ा था जो इस प्रकाशन के साथ खुल रहा है। मैं सिर्फ़ इतना कहूँगा, कि जितना मैं पढ़ सका उससे प्रभावित हुआ और कहीं-कहीं तो महाकवि की भाषान्तर-प्रतिभा से चमत्कृत भी।

—केदारनाथ सिंह

निवेदन

(प्रथम संस्करण से)

श्रीमद् गोस्वामी तुलसीदास जी का रामचरित-मानस या रामायण भारत की सर्वोत्तम काव्यकृति है इसको इस समय यहाँ का वेद कहते हैं। इसके सम्बन्ध की बहुत सी बातें प्रकाश में नहीं आयीं। काफी अँधेरा है, अधिकार और अधिकारियों का प्रमाद भी। इनके आवेष्ठन के बाहर जो मुख्य विषय रहता है वह है साहित्य। उसी को लक्ष्य में रख कर यह अनुवाद किया गया है। दोहा, चौपाई, सोरठा, छन्द जैसे के वैसे ही हैं। कहीं कुछ परिवर्तन है, भाषा में न आ सकने के कारण, जैसे बृहत दोहा एक नया हुआ है और अन्त में कहीं-कहीं गुरु गुरु न रहकर लघु-गुरु रह गया है, हिन्दी की शुद्धि की रक्षा के कारण। इससे छन्दःशास्त्र की एक वृद्धि हुई है। कहीं कुछ प्रवर्तन भी है। फिर भी मूल की पूरी पूरी रक्षा करने का प्रयत्न है। जिन प्रान्तों के विद्यार्थी अवधी नहीं जानते उनके लिए सुविधा हुई है। ऐसे भी नवें दसवें दरजे में इसका प्रचलन करने से विद्यार्थियों की खड़ी बोली अधिक पुष्ट हो जायगी, इसका प्रमाण अधिकारीवर्ग पढ़ते ही समझ जायेंगे। आशा है, पाठक पढ़कर राष्ट्रभाषा के विस्तार के प्रयत्न में हमारा उत्साह बढ़ायेंगे।

इसको निकालते हुए पं॰ गङ्गाधर मिश्र शास्त्री और बाबू बलदेव प्रसाद मेहरोत्रा साहित्यालङ्कार हमारे धन्यवाद के पात्र हैं जिन्होंने लगन के साथ परिश्रम किया।

॥ इति ॥

जेष्ठ बदी 6, 2005 श्री सूर्यकान्त त्रिपाठी 'निराला'

श्री सूर्यकान्त त्रिपाठी 'निराला'

भूमिका

(प्रथम संस्करण से)

महा-कवि गोस्वामी तुलसीदास की रामायण आज से दो पीढ़ी पहले के पाठकों के लिए जितनी सरल थी, उतनी इस पीढ़ी के पाठकों के लिए नहीं है। कारण यह है कि खड़ी बोली का विकास जिस दिशा में हो रहा है, उससे वह अवधी आदि बोलियों से—जिन्हें कभी भाषा का स्थान प्राप्त था—दूर होती जा रही है। कुछ ऐसे संकट के लक्षण भी दिखाई देते हैं कि धार्मिकता की मात्रा कम होने पर गोस्वामी जी के साहित्य का उतना प्रचार न रहेगा जितना पहले था। ऐसा हुआ तो यह गोस्वामी जी के लिए नहीं इस पीढ़ी और आने वाली पीढ़ियों के लिए दुर्भाग्य की बात होगी। यदि रामायण के साथ हिन्दी पाठकों का सम्बन्ध वही हो गया जो चाँसर के साथ आज अंग्रेजी पाठकों का है, तो भाषा और संस्कृति की परम्परा की एक महत्त्वपूर्ण कड़ी टूट जायेगी।

ऐसी दशा में यदि कोई यह प्रयत्न करे कि गोस्वामी जी के शब्द-चयन को यथासाध्य उन्हीं का सा रखते हुए क्रियाओं आदि के प्रयोगों में उसकी भाषा को खड़ी बोली के अनुकूल बना दे तो इस प्रयत्न को पहले से ही विफल परिश्रम मान कर न टाला जा सकेगा। निराला जी का उद्देश्य यही है कि गोस्वामी जी तथा हिन्दी पाठकों के शिथिल होते हुए सम्बन्ध को दृढ़ करें।

प्रस्तुत पुस्तक को मूल रचना का अनुवाद नहीं कहा जा सकता क्योंकि शब्द-रचना का मौलिक ढाँचा गोस्वामी जी का ही है। फिर भी खड़ी बोली के अधिक अनुकूल होने से वह मूल रचना से भिन्न भी है। उसकी सफलता की कसौटी एक स्वतन्त्र अनुवाद की नहीं है; उसकी सफलता को आँकने का एकमात्र उपाय यही है कि हम देखें कि उसे पढ़ने के बाद हम गोस्वामी तुलसीदास के

अधिक निकट पहुँचे अथवा नहीं। इस तरह यह रामचरितमानस तक पहुँचने के लिए ऊँची-नीची धरती पर रचे हुए एक नये मार्ग के समान है।

कहना न होगा कि यह कार्य बहुत ही कठिन था, सहसा किसी में उसे उठा लेने का साहस भी न होगा। किन्तु यदि कोई कवि इस युग में उसे पूरा करने के योग्य था, तो वह निराला जी ही हैं। उन्होंने गोस्वामी जी की कृतियों का कितना गम्भीर अध्ययन किया है, यह बात अब किसी से छिपी नहीं है। अपने साहित्यिक जीवन के आरम्भकाल में ही—'समन्वय' पत्र के सम्पादक होने के समय उन्होंने रामचरितमानस के सातों काण्डों की मौलिक व्याख्या करते हुए कई निबन्ध लिखे थे। 'तुलसीदास' नाम के काव्य-खण्ड में उन्होंने अनेक वर्षों के अध्ययन और मनन के आधार पर गोस्वामी जी की काव्य-प्रतिभा के जागरण और उनके युग के संघर्ष का अद्वितीय चित्र उपस्थित किया है। स्वयं निराला जी की काव्य-रचना पर गोस्वामी जी की कृतियों का बहुत बड़ा प्रभाव पड़ा है। यह प्रभाव भावों और विचारों के अलावा उनके कला-प्रसाधन पर भी पड़ा है—छन्द-रचना, ध्वनि के आवर्तों आदि पर। विरोधी आलोचकों ने बंगला और अँग्रेज़ी कवियों का प्रभाव जाँचने में जितनी तत्परता दिखाई है, उतनी घर के ही कवियों का वास्तविक प्रभाव देखने में नहीं। वे तो निराला के 'विदेशीपन' के पोछे पड़े थे; साहित्य परम्परा के विकास से उन्हें क्या मतलब था? लेकिन देखिये, किस कौशल से 'छन्द' के ध्वनि आवर्तों को निराला जी ने 'मुक्त छन्द' में बिठा दिया है।

"केहि हेतु रानि रिसानि परसत पानि पतिहिं निवारई"— जैसी पंक्ति में रानि; रिसानि और पानि के ध्वनि आवर्तों को देखिये। फिर निराला जी का मुक्त छन्द देखिये—

समें मर अमर कर प्राण,
गान गाये महासिन्धु-से
सिन्धु - नद - तीर - वासी
सैन्धुव तुरंगों पर—इत्यादि।

कल्पना पर अधिक ज़ोर दिये बिना ही देखा जा सकता है कि समर, अमर और प्राण, गान जैसे ध्वनि-साम्य की रचना गोस्वामी जी के छन्दों के आधार पर हुई है। यह स्वाभाविक ही था कि रामचरित मानस को खड़ी बोली के अनुकूल बनाते हुए निराला जी इस सौन्दर्य की रक्षा करते। किन्तु विवेकशील पाठक की दृष्टि से यह छिपा न रहेगा कि अनेक स्थलों पर निराला जी की अपनी भाषा और शैली उनके सम्भवतः न चाहते हुए भी इतनी ज्यादा उभर आयी है कि एक स्वतन्त्र मौलिक रचना का आनन्द आने लगता है। उदाहरण के लिए पृष्ठ 65 पर ये पंक्तियाँ देखिये–

सरिताएँ कल जल बहती हैं,
चिड़ियाँ सभी सुखी रहती हैं।
सहज बैर पशुओं ने छोड़ा,
निर्भय विचर रहा है जोड़ा।
सोहा गिरि, गिरिजा आई है,
जग ने रामभक्ति पाई है।
नित्य नये उसके गृह मङ्गल,
ब्रह्मा गाते हैं यश उत्कल।
समाचार नारद ने पाये,
कौतुक ही हिमगेह सिधाये।
शैल-राज ने किया समादर,
आसन दिया चरण पखार कर॥

यहाँ पर भाषा और छन्द का प्रवाह निराला जी की अपनी मौलिक कृतियों का सा है। ये पंक्तियाँ उन पर निन्दा-प्रेमियों के लिए अच्छा उत्तर है जो निराला जी की कृतियों से अधिक उनके सम्बन्ध में फैले हुए अपवादों से दिलचस्पी रखते हैं। उनसे हमें कहना पड़ता है–निराला जो चार लाइनें बेहोशी में लिख देगा, वह तुम चार जनम होश में भी न लिख पावोगे।

अस्तु। मुझे पूर्ण विश्वास है कि गोस्वामी तुलसीदास और स्वयं निराला के काव्य-साहित्य को समझने के लिए यह पुस्तक अत्यन्त उपयोगी सिद्ध होगी और इसलिए हिन्दी पाठकों में उसका यथेष्ट आदर भी होगा।

लगभग चार सौ वर्ष बीत गये जब इसी काशी में गंगातट पर महाकवि तुलसीदास ने अपनी काव्य-साधना की थी। इतने दिनों बाद इस युग का श्रेष्ठ रचनाकार निराला उसी काव्य रचना को फिर हाथ में लेकर अपनी कला को उससे पवित्र कर रहा है, यह हिन्दी साहित्य की एक ऐतिहासिक घटना है। कौन नहीं जानता कि उस समय के मठाधीशों और महन्तों ने अपने स्वार्थों को धक्का लगते देखकर समाज-सुधारक तुलसीदास का जीवन दुखमय बना दिया था। इस युग में भी निराला की चोटों से तिलमिलाकर निहित स्वार्थों के प्रतिनिधियों ने उनके जीवन को वैसा ही दुखमय बनाने की चेष्टा की है। लेकिन साहित्य की भागीरथी इन कठिनाइयों के कगारों को काटती हुई बहती ही जाती है और जो उसकी धारा को रोकने का विफल प्रयास करते हैं वे स्वयं ढह कर बह जाते हैं। हिन्दी साहित्य की प्रगतिशील परम्परा ने आज तक इसी तरह विकास किया है और निःसन्देह आगे भी करेगा। प्रस्तुत पुस्तक द्वारा निराला ने अपनी कठिनाइयों का एक कगार काटने की कोशिश की है—पाठक यह न भूलें।

काशी

—रामविलास शर्मा

1 जून, 1949

आवेदन
(प्रथम संस्करण से)

प्राणिजगत् में आत्मसौन्दर्यबोध के अनुसार ही आत्मविकास अथवा आत्मविस्तार के लिए प्रयत्न पक्ष चलता है, किन्तु जिन प्राणियों में आत्मनिष्ठा का अभाव होता है उनके बोधपक्ष तथा प्रयत्नपक्ष में सप्राण अथवा सनातन सामञ्जस्य कदापि नहीं हो पाता है। इसीलिए सामूहिक विश्वास के अभाव के कारण उनका वैयक्तिक जीवन वासनाशासित, अविश्वस्त तथा अविनीत होता है। सामान्यतया पशु-प्रकृति की ऐसी ही स्थिति होती है, यद्यपि यत्र-तत्र पशु-जगत् में भी संयम, विश्वास तथा विनय का सौन्दर्य उपलब्ध होता है, पर निर्बाध परिस्थितियों में भोगोन्माद की सहज तीव्रता के कारण (न जातु कामः कामानामुपभोगेन शाम्यति। हविषा कृत्स्नवर्त्मेव भूय एवाभिवर्द्धते।) कभी-कभी मानव-समाज की व्यक्ति-सत्ता में उदार आत्मसंवेदन की सामञ्जस्यविधायिनी शक्ति की उत्तरोत्तर ह्रास-वृद्धि के कारण आहार, निद्रा, भय और मैथुन आदि सामान्य पशु-प्रवृत्तियों का समाजव्यापी प्राधान्य हो जाता है। ऐसी स्थिति में एक ओर अधिकार क्रूरदम्भ का रूप धारण कर लेता है, दूसरी ओर अतृप्ति दीनता और विवशता के रूप में परिणत हो जाती है। अविनश्वर चेतना का कोमलतम निर्मल तेज अन्तर्हित हो जाता है और निराशा का सघन अन्धकार चतुर्दिक फैल जाता है।

भारतीय सामाजिक चेतना के ऐसे ही घोर पतन के दुर्दिन में कलामयी नारी की आह्लादमयी ज्योतिर्दृष्टि का उन्मुक्त तथा विराट् संकल्प, उषा की भंगिमा में अरुणोदय की भाँति, कोमलतम तेज का अपार शक्तिशाली आकर्षण लेकर महर्षि-कवि (कलि-कुटिल-जीव निस्तार हित वाल्मीकि तुलसी भयो—भक्त-प्रवर

नाभादास) तुलसीदास जी की महिमामूर्ति में साकार हुआ। युग-पुरुष तुलसीदास जी ने संस्कृत, प्राकृत और अरबी, फारसी आदि भाषाओं के विशाल वाङ्मय से वेद, शास्त्र, पुराण, इतिहास एवं काव्यादि ग्रन्थों के समीक्षात्मक अध्ययन द्वारा अपनी निसर्ग प्रतिभा को पूर्णतया परिष्कृत कर लिया। पाण्डित्यजन्य अमोघ आत्मविश्वास ने बहिर्जगत की जर्जर रूढ़ियों, बर्बर-दुर्नीतियों और कुत्सित अन्ध-परम्पराओं की निस्सारता के प्रति उन्हें पूर्णतया जागरूक बना दिया। अर्थ-सम्बल-हीन साधारण परिवार में जन्म लेने के कारण युग के अर्थ-मोह की नृशंस भोगवादिता, दाम्भिकतापूर्ण दुरन्त-अधिकार-लिप्सा तथा जघन्य स्वार्थपरता के अनेकशः निर्मम आघातों ने उनके संवेदन-तन्तुओं में अपार शक्ति भर दिया।

आर्य-जाति के समस्त सांस्कृतिक वाङ्मय के प्रौढ़ अनुशीलन, जीवन-तत्व के गम्भीर-चिन्तन तथा तपस्याप्राप्त अटूट आत्मविश्वास के द्वारा अनन्त ब्रह्माण्ड व्यापिनी, करण-कारण-निरपेक्ष जिस रहस्यमयी चेतन-ज्योति का गोस्वामी जी ने साक्षात्कार किया, उसके सौन्दर्य-बोध से युग की जड़ता-प्राप्त मनःस्थिति का अन्धकार दूर करने के लिए उनकी सप्राण सामञ्जस्यविधायिनी सर्जनात्मक प्रतिभा गीता की विनय माधुरी का आकर्षण लेकर प्रबुद्ध हुई!

भारतीय सांस्कृतिक चेतना के विराट सौन्दर्यानुभूति की रहस्यमयी अभिव्यक्ति विनयानुभूति से समन्वित होने के कारण ही सनातनत्व का गौरव-स्वर (मन्द्र, गम्भीर ध्वनि) मुखरित करती आ रही थी। इसके साधना-केन्द्र तपोवन थे, जहाँ ऋषियों ने आत्म-ज्योति का साक्षात्कार कर प्रेषणीयता दी थी। नासदीय, पृथ्वी और पुरुष आदि सूक्तों में हमें इसी साधनामयी अकातर-अभिव्यक्ति का संकेत मिलता है। सामवेद में आर्य-जाति की इस रहस्यमयी वीर्यशालिनी उपासना की विराट् प्रतीकों द्वारा बड़ी मनोहर अभिव्यक्ति हुई है। इस तेजस्विनी आत्मसौन्दर्यानुभूति की रहस्यमयी अभिव्यक्ति-परम्परा का गीता में पूर्णतया समन्वयोन्मुख विकास हुआ था। गीता के ज्ञान, कर्म और योग के समन्वयात्मक आदर्श की रहस्यमयी विनयानुभूति की तन्मयता में अर्जुन के मोह-मग्न-मानस की दुर्बलता सहज ही दूर हो सकी थी और वे 'तस्मात्प्रणम्य प्रणिधायकायम्'—की दशा में पूर्ण शिष्यत्व प्राप्त

करने पर ही 'तस्मात्त्वमुत्तिष्ठ यशो लभस्व' के मर्म सन्देश को हृदयङ्गम कर सके थे। इसीलिए युग-प्रवर्त्तक महातपस्वी तुलसीदास जी ने रहस्यमयी विनयानुभूति की साधनात्मक निष्ठा द्वारा भारतीय संस्कृति की चिरन्तन-चिन्तन-ज्योति से युग के समस्त प्रतीकात्मक आदर्शों का सशक्त सर्जनात्मक सामञ्जस्य किया।

किन्तु गोस्वामी जी की यह सप्राण सौन्दर्य-सृष्टि रूपकात्मक गम्भीरता के कारण अभी तक जन मानस के सम्पर्क में नहीं आ सकी। इसी कारण परात्पर ब्रह्म भगवान् राम और ज्योतिर्मयी आदि-शक्ति भगवती सीतादेवी पाषाण प्रतिमाओं में कैदखाने की यातना भुगत रही हैं और जड़ोन्मादजन्य अविनय, सम्प्रदायवाद तथा वर्गवाद के रूप में परिणत होकर राष्ट्र के नव-निर्माण के स्वप्न को विफल बनाता आ रहा है। इसीलिए वैज्ञानिक युग के महान् तपस्वी तथा अमर स्रष्टा 'निराला जी ने तुलसीदास जी की रामायण का आधुनिक-भाषा (खड़ी बोली, हिन्दी) में रूपान्तर करने के लिए सर्वथा स्तुत्य अनुष्ठान आरम्भ किया है। सम्प्रति तुलसीदास जी की साधना-सम्पत्ति विनय-भाग के रूप में हमारे सामने है।

बंगला भाषा के माध्यम से स्वर-साधना में जगी हुई महामनीषी 'निराल जी की युगान्तरकारिणी प्रतिभा को हिन्दी की महिमामयी सौभाग्य श्री बनानेवाली गोस्वामी तुलसीदास जी की अध्यात्ममयी ओजस्विनी काव्य-ध्वनि ही है। इसीलिए 'निराला' जी ने तुलसीदास जी की लोकोत्तर-साधना-सौन्दर्य की अभिव्यक्ति के लिए 'तुलसीदास' नामक अमर, ओजस्वी प्रबन्ध-काव्य की सर्जना की है। जिस प्रकार गोस्वामी जी ने ज्ञान, कर्म और योग आदि समस्त दार्शनिक चिन्ता-धाराओं को विनय-भक्ति से समन्वित कर साधारण जनता के भावुकतामय जीवन में ऐश्वर्यमयी आध्यात्मिक ज्योति के संचार का पथ प्रशस्त किया है, उसी प्रकार निराला जी ने बहुशः भक्तिमयी मन्त्र गीतों का साक्षात्कार कर आर्ष-ध्वनि की सर्वथा अभिनव तथा सप्राण भाव-माधुरी का परिचय कराया है। रामायणी काव्य धारा से जिस प्रकार अनन्त शक्ति अनन्त, शील और अनन्त सौन्दर्य की अनुभूति तुलसीदास जी ने करायी है, उसी प्रकार 'राम की शक्तिपूजा' और 'पञ्चवटी-प्रसंग' की उद्भावना द्वारा विश्व के सांस्कृतिक समन्वय के अग्रदूत 'निराला' जी ने। यहाँ स्थानाभाव

के कारण हम इन दोनों युगान्तरकारिणी अमर-प्रतिभाओं की सौन्दर्य-सृष्टि का विश्लेषण करने में विवश हैं। अपने इस अध्ययन को हम "महर्षि-कवि 'निराला' और 'तुलसीदास' नामक पुस्तक में प्रकाशित कर रहे हैं।

विनय भाग के इस उपहार की सामयिक उपयोगिता स्पष्ट है, क्योंकि अभी हमारे राष्ट्र के 80-85 प्रतिशत सदस्य निरक्षर हैं, यदि उन्हें सैनिक भी बनाया जाय, तो भी उनका असंस्कृत पशुत्व बर्बर होकर राष्ट्र के लिए घातक ही सिद्ध होगा। साथ ही इन 80-85 प्रतिशत नाबालिग सदस्यों में वृद्ध, जवान और शिशु सभी हैं, ये सभी रामायण संस्कृति के प्रति अपनी परम्परा से श्रद्धालु हैं। इन्हें साक्षर तथा मानव बनाये बिना राष्ट्र के आत्म-सम्मान की कोई भी योजना कदापि सफल नहीं हो सकती है। इसलिए सांस्कृतिक-शिक्षा का इसे आधार ग्रन्थ बनाकर एक ओर हम सहस्राब्दियों से प्रसुप्त राष्ट्र की आध्यात्मिक चेतना को जागरूक कर सकते हैं, दूसरी ओर भाषा का रूप सामयिक तथा सरल हो जाने के कारण हिन्दी-भाषा-भाषी ही नहीं अपितु अहिन्दी भाषा-भाषी पाठक भी तुलसीदास जी की साधना सम्पत्ति के सहज ही अधिकारी हो सकते हैं। लगभग 12 वर्षों से हिन्दी की उच्च कक्षाओं का अध्यापन करते हुए अहिन्दी भाषी ही नहीं, बल्कि हिन्दी-भाषी विद्यार्थियों की भी अवधी भाषा के प्रति उपेक्षा का अनुभव हमने किया है। यौवन के सहज उन्माद की अभिव्यक्ति-प्रचुरता के कारण ब्रज-भाषा की रचनाओं के प्रति कुछ विद्यार्थियों में रुचि दिखाई भी दी, पर रामायण जैसी युग-प्रवर्तिनी तथा गम्भीर कलासृष्टि की ओर बिल्कुल नहीं। इसलिए हिन्दी को राष्ट्र भाषा का गौरवपूर्ण दायित्व ग्रहण करने के शुभ अवसर पर महर्षि वेदव्यास के वेदाध्ययन के सरलीकरण की भाँति निराला जी का भी यह अनिवार्य तथा आवश्यक कर्त्तव्य था, जिसे इन महर्षि-कवि ने पूरा किया। इनका नव-नव ध्वनि-प्रयोग तथा नव-नव छन्दोविधान वेदव्यास और तुलसीदास के समकक्ष है भी। आधुनिक भाषा के ये अग्रणी सृष्टा हैं भाषा के स्वरूप-विकास और मार्जन में इनका स्थान बेजोड़ है। रामायण के इस रूपान्तरी-करण में भाव और विचार तुलसीदास जी के ही हैं,

अधिकांश ध्यनियाँ भी उन्हीं की हैं। यत्र-तत्र ही सरलता और सुगमता के लिए इन मनीषी महाकवि ने मर्मस्पर्शी परिवर्त्तन अथवा रूपान्तर किया है।

हमें पूर्ण आशा एवं विश्वास है कि महाकवि की यह विनय भाग की भेंट अविनय के अन्धकार में पड़े हुए राष्ट्र-कर्मियों की सेवा-साधना में सर्वथा सामयिक तथा स्तुत्य सिद्ध होगी। भारत के नव-निर्माण में यह सर्व-जन-सुलभ, ज्योतिर्मय-उपहार सर्वोत्कृष्ट सिद्ध होगा।

गङ्गा दशहरा सं. 2005

गङ्गाधर मिश्र
प्रधानाचार्य,
श्री राष्ट्रभाषा विद्यालय, काशी

अनुक्रम

रामायण

विनय-खण्ड

श्लोकाः

वर्णानामर्थसङ्घानां रसानां छन्दसामपि ।
मङ्गलानाञ्च कर्त्तारौ वन्दे वाणीविनायकौ ॥1॥
भवानीशङ्करौ वन्दे श्रद्धाविश्वासरूपिणौ ।
याभ्यांविनानपश्यन्तिसिद्धाःस्वान्तःस्थमीश्वरम् ॥2॥
वन्दे बोधमयं नित्यं गुरुं शङ्कररूपिणम् ।
यमाश्रितो हि वक्रोऽपि चन्द्रः सर्वत्र वन्द्यते ॥3॥
सीतारामगुण ग्राम पुण्यारण्यविहारिणौ ।
वन्दे विशुद्धविज्ञानौ कवीश्वरकपीश्वरौ ॥4॥
उद्भवस्थितिसंहारकारिणीं क्लेशहारिणीम् ।
सर्वश्रेयस्करीं सीतां नतोऽहं रामवल्लभाम् ॥5॥
यन्मायावशवर्तिविश्वमखिलं ब्रह्मादिदेवासुरा
यत्सत्त्वादमृषैव भाति सकलं रज्जौ यथाऽहेर्भ्रमः ।
यत्पादलवमेकमेव हि भवाम्भोधेस्तितीर्षावतां
वन्देऽहं तमशेषकारणपरं रामाख्यमीशं हरिम् ॥6॥
नानापुराणनिगमागमसम्मतं यद्
रामायणे निगदितं क्वचिदन्यतोऽपि ।

स्वान्तःसुखाय तुलसी रघुनाथगाथा-
भाषानिबन्धमतिमञ्जुलमातनोति॥7॥

सो॰– स्मरण-वरण है सिद्धि, गण-नायक करिवर-वदन,
जिनकी कृपा समृद्धि, बुद्धि बढ़ी, गुण हैं सदन।
मूक हुए वाचाल, पङ्गु चढ़े गिरिवर गहन,
जिनकी कृपा, दयाल द्रवें सकल-कलिमल-दहन।
नील-सरोरुह-श्याम, तरुण-अरुण-वारिज-नयन,
करें हृदय में धाम सदा-क्षीर-सागर-शयन।
कुन्द-इन्दु-सम देह, उमा-रमण करुणा-अयन,
दीन जनों पर स्नेह, करें कृपा किरणोदयन।
बन्दूं गुरु-पद-कञ्ज, कृपा-सिन्धु नररूप-हरि,
महामोह तम-पुञ्ज, जिनके वच रविकर-निकर।

चौ॰—बन्दूं गुरु-पद, पद्म परागूं,
सुरुचि, सुवास, सरस, अनुरागूं।
अमिय-मूल सित चूर्ण चारुतर,
सकल - रोग - परिवार - भारहर।
सुकृत-शम्भु-तनु-भूति शुचि बनी,
ञ्जुल - मङ्गल - मोद - प्रजननी।
जन - मन - मञ्जु - मुकुर - मलहरणा,
तिलक किये गुण-गण-वशकरणा।
गुरु-पद-नख मणि-गण-ज्योतिः स्फुर,
दिव्य दृष्टि आ जाती है उर।
मोहदलन उसका प्रकाश वर,
बड़े भाग्य, आता है जिस घर।

विमल विलोचन खुल जाते हैं,

भव के दुख-तप धुल जाते हैं।

राम-चरित मणि-माणिक-खनि-धन,

प्रकट-रूप लखते हैं तब जन।

दो॰—यथा सुअञ्जन आंजकर साधक-सिद्ध-सुजान,

कौतुक देखें शैल-वन-भूतल भूरि-निधान।

चौ॰—गुरु-पद-रज मृदु-मञ्जुल-अञ्जन,

नयन-अमिय दृग-दोषविभञ्जन।

उससे किये विवेक-विलोचन,

कहा विमल हरि-यश भवमोचन।

बन्दूं प्रथम महीसुर-पद-युग,

मोह-जनित-संशयहारी शुभ।

सुजन-समाज, सकल-गुण-ज्ञानी,

करूँ प्रणाम सप्रेम सुवाणी।

साधु-चरित जैसे कपास-बल,

नीरस किन्तु विशद गुणमय फल।

दुःख सहे, परछिद्र दुराया,

वन्दनीय, जग में जस पाया।

साधु-समाज सकल मङ्गलमय,

जैसे तीर्थराज जङ्गम शय।

राम-भक्ति गङ्गा की धारा,

सरस्वती ब्राह्मी स्थिति सारा।

विधि-निषेध की कलिमल धोकर,

कर्म-कथा यमुना आई घर।

हरि-हर-कथा विराजित वेणी
सुनते सकल मोद-सुख-देनी।
वट विश्वास अचल, धर्मों का,
तीर्थराज शुभ-शुभ कर्मों का।
सबको सदा सुलभ, सब देशों,
सेते जन बचते हैं क्लेशों।
अकथ अलौकिक तीर्थराज है,
देता है फल सद्य, साज है।

दो॰—सुनकर समझें मोद-मन, मज्जें जन अनुराग,
लहें चार फल विमल-तन, साधु-समाज प्रयाग।

चौ॰—मज्जन-फल देखिए उसी क्षण,
काक हुए पिक, बक मरालगण।

सुनकर अचरज करें न कोई,
महिमा सत्सङ्ग की न गोई।
वालमीकि, नारद, घटयोनी,
निज-निज मुखों कही निज होनी;
जलचर, थलचर, नभचर आये,
जो जड़-चेतन जीव कहाये;
मति, गति, कीर्ति, विभूति, भलाई,
जिसने जहाँ जिस जतन पाई;
कुल, जानिए, सुसङ्ग-भाव से,
लोक न वेद, कि अन्य दाव से।
नहीं विवेक विना सत्सङ्गति,
नहीं सुलभ वह विना-राम-रति।

मङ्गल-मोद-मूल सङ्गति शुभ,
साधन-फूल, सिद्धि-फल-वीरुध।
शठ सुधरे, शुभसङ्गति पाई,
पारस-परस कुधातु सुहाई।
विधिवश सुजन कुसङ्गति पाकर,
फणि-मणि के जैसे गुणानुसर।
विधि-हरि-हर-कवि-कोविद आये,
कहते सन्महिमा सकुचाये।
नहीं कही जाती वह ऐसे,
शाक-वणिक से मणि-गुण जैसे।

बृ॰दो॰—बन्दूं साधु समानचित, हित न अहित सबके घरों;
अञ्जलि-गत जैसे सुमन, सम-सुगन्ध दोनों करों।

दो॰— साधु विश्वहित चित्त-शुचि, भाव जानकर स्नेह,
बाल-विनय सुनकर कृपा करें दूर सन्देह।

चौ॰—बन्दूं फिर खलगण शुचि भाये,
विना-काम जो दायें-बांयें;
परहित-हानि लाभ जिनके है,
उजड़े हर्ष, विषाद बसे है;
हरि-हर-यश-राकेश राहु जुज,
पर-अकाज को भट सहस्र-भुज;
जो गवाह लेकर पर-दूषण
देखें परहित-घृत मक्खी-मन;
तेज कृशानु, रोष महिषासुर,
अघ-अवगुण-धन-धनिक-हुए मुर;

उदित-केतु हैं अहित के लिए,
कुम्भकर्ण-जैसे शयित जिये;
पर-अकाज को वे जलते हैं,
कृषि मारकर उपल गलते हैं।
बन्दूं खल जो शेष रोष-फण,
अयुत-वदन कहते पर-दूषण।
फिर बन्दूं पृथु के समान जो,
पर-अघ सुनते अयुत-कान हो।
पुनः शक्र-जैसों को मैं नत,
सुरानीक जिनको हित सन्तत;
वचन-वज्र है जिन्हें सदा प्रिय,
सहस्राक्ष-पर-दोष-लक्ष्य-क्रिय।

दो०—उदासीन, अरि-मित्र से जलते हैं खल-रीति;
पाणि-युगल निज जोड़कर बिनती करूं सप्रीति।

चौ.—हम निज कर जोड़कर मरेंगे,
वे निज ओर न भोर करेंगे।

पलें भले ही खाकर पायस,
निरामिष न होंगे जो वायस।
साधु-असाधु-चरण मैं बन्दूं,
दुखप्रद उभय, बीच कुछ छन्दूं।
एक बिछड़ते जी लेते हैं,
मिलते एक दुःख देते हैं।
एक-साथ जीवन पाते हैं,
जलज-जोंक गुण बिलगाते हैं।

सुधा साध, मदिरा असाध है,
जनक जगअलनिधि अगाध है।
भली-बुरी करतूत व्यक्ति की,
लेती जस, अपलोक, मुक्ति भी।
सुधा, सुधाकर, साधु, सुरसरित,
गरल, अनल, कलिमल, कर्महरित।
गुण, अवगुण, जाने सब कोई,
जो भाई, रुचि; जागी, सोई।

दो.—भले भलाई से लहें, लहें निचाई नीच,
सुधा सराहें अमरता, गरल सराहें मीच।
चौ.—गहे अगुण खल, सज्जन गुणगण,
उभय अपार-उदधि-अवगाहन।

इससे कुछ गुण-दोष बखाने,
ग्रहण न त्याग विना पहचाने।
भले, पोच विधि ने उपजाये,
श्रुति ने गुण गिनकर बिलगाये।
कहते हैं इतिहास, वेदगण,
विधि-प्रपञ्च गुण-अवगुण-मिश्रण।
दुख-सुख, पाप-पुण्य, दिन-रातों,
साधु-असाधु, सुजात-कुजातों,
दानव-देव ऊँच औ' नीचों,
अमिय-सजीवन, माहुर-मीचों,
माया-ब्रह्म, जीव-जगदीशों,
लक्ष-अलक्ष, रङ्क-अवनीशों,
काशी मगहर, सुरसरि-नाशों,
मरु-मालव, महिदेव-गवाशों,

WEBDUNIA

स्वर्ग-नरक, अनुराग-विरागों,
निगमागम, गुण-दोष-बिभागों,

दो.—गुण-दोषों, जड़-चेतनों, रचा सकल संसार;
सन्त हंस गुण गहें पय, छोड़ें वारि-विकार।

चौ.—यह विवेक देता है धाता,
तजकर दोष गुणों मन राता।

काल-स्वभाव कर्म-बरिआई,
भले चूकते सहज भलाई।
वह हरिजन सुधार लेते हैं,
दोष छोड़कर जस देते हैं।
खल करते है भला सङ्ग-उर,
मिटता नहीं स्वभाव अभङ्गर।
लखे सुवेश, विश्व-वञ्चक जो,
वेश-प्रताप पूजिए उनको।
नहीं निबाह उघरने पर पर,
कालनेमि जैसे कपि के कर।
कुवसन भी साधु का मान है,
जैसे जग कपि, जम्बवान है।
हानि कुसङ्ग, सुसङ्ग लाभ है,
लोक-वेद में विदित डाभ है।
साधु-असाधु-सदन शुक-शारी,
पढ़ते हैं, देते हैं गाली।
धूम कुसङ्गति से कालिख है,
लिखो पुराण, मञ्जु-मसि-शिख है।
अनिल-अनल-सङ्घात, वही जल
होता है जग-जीवन का फल।

दो॰— ग्रह, भेषज, जल, पवन, पट, यथा सुयोग-कुयोग,
हुए सुवस्तु-कुवस्तु जग, लखें सुलक्षण लोग।

बृ॰द॰—सम-प्रकाश-तम पाख दो, नाम-भेद फिर भी किए;
शशि-पोषक, शोषक, तथा, जग में जस, अपजस लिये।
जड़-चेतन जग-जीव जो, सभी राम-गुण-गाथ,
बन्दूं सबके पद-कमल, सदा जोड़कर हाथ।
देव-दनुज, नर-नाग-खग, प्रेत-पितर-गन्धर्व,
बन्दूं किन्नर, तिमिरचर, कृपा करो अब सर्व।

चौ॰—आकर चार, लाख चौरासी
जाति-जीव, नभ-जल-थलवासी।

सबको सीताराम जानकर
मैं प्रणाम कर रहा मानकर।
मुझे जानकर निज किङ्कर-तल,
करो स्नेह मुझ पर, छोड़ो छल।
अपना मुझको नहीं बुद्धि-बल,
इससे झुकता हूँ मैं नत-पल।
रघुपति-गुण गाऊँ, यह चित है,
लघुमति मेरी, चरित अमित है।
एक अङ्ग भी अभी न साजा,
मन अति रङ्क, मनोरथ राजा।
मन अति नीच, रुचिर रुचि की है,
अमिय चाहिए, छाछ नहीं है।
सुजन छमेंगे सहज ढिठाई,
लेंगे बालक-वचन-मिठाई।
वे तुतली बातें करते हैं,
माता-पिता मोद भरते हैं।

कुटिल विचारक, कूर हँसेंगे,
जो पर-दूषण-भूषण लेंगे।
निज कवित्त से किसे नहीं रति,
सरस याकि फीका, यह सम्मति;
पर-भाषित सुनकर हरषाए,
वे नर बहुत नहीं जग जाये।
सुरसरि-सम हैं जग में बहु नर,
जो निज बाढ़ बढ़े जल पाकर;
सागर-सम कोई पड़ते हैं,
पूर्णचन्द्र से जो बढ़ते हैं।

दो॰—छोटा भाग्य, तृषा बड़ी, करूँ एक विश्वास,
पायेंगे सुख सुजन जन, मन्द करेंगे हास।

चौ॰—हित-खल-हास कि काक रहा है,
कल-कण्ठ को कठोर कहा है।

वक हंस को, कुजात जात को,
हँसे मलिन खल विमल बात को।
कविता-रसिक, नहीं हरि-पद-रति,
उनको यह हास्य की सुसङ्गति।
भाषा-भणित, अल्प मति मेरी,
हँसने योग्य, नहीं त्रुटि तेरी।
हरि-पद-प्रीति नहीं, धी तीखी,
उनको कथा लगेगी फीकी।
हरि-पद-रति, मति नहीं कुतरकी,
उनको मधुर, कथा रघुवर की।

राम-भक्ति-भूषित जी जानी,
सुजन सुनेंगे शंसित-वाणी।
नहीं सुकवि, मैं नहीं चतुर नर,
सकल-कला-विद्या-विहीन घर;
अक्षर, अर्थ, अलङ्कृति, ध्वनि-ऋध,
छन्द-प्रबन्ध, अमन्द-मन्द-विध,
भाव-भेद, रस-भेद, विविध गण,
कविता के गुण-दोष सुप्रकरण,
एक विवेक नहीं मेरे घर,
सत्य लिखूँ कोरे कागज पर।

दो॰—मम भाषित सब-गुण-रहित, विश्व-विदित गुण एक,
यह बिचारकर सुनेंगे, जिनके विमल विवेक।

चौ॰—रामनाम इसमें उदार है,
जो शुचि, वेद-पुराण-सार है।

मङ्गल-भवन, अमङ्गल के हर,
उमा-सहित जपते हैं शङ्कर।
भणिति विचित्र सुकवि-कृत भी जो,
तजी राम से, सजी नहीं वह।
विधु-वदना सब-भाँति-सँवारी,
अवसन नहीं सजी वर-नारी।
सब-गुण-रहित कुकवि की विरचित,
राम-नाम-यश से यदि अङ्कित,
सादर बुध-समाज सुनते हैं,
मधुकर जैसे गुण गुनते हैं।

यद्यपि कविता गुण से विरहित,
फिर भी राम-प्रताप अनवसित।
यही भरोसा है मेरे मन,
किसे न मिला सुसङ्ग बड़प्पन।
कटुता सहज धूम ने तज दी,
अगुरु-प्रसङ्ग सगन्धित रज दी।
भणित-भदेस, सुवस्तु, सुवरणा,
राम कथा, भव-मङ्गल-करणा।

छंद०—मङ्गलकरा कलिमलहरा तुलसी कथा रघुनाथ की,
गति कुटिल कविता-सरित की जो परम पावन पाथ की।
प्रभु-सुयश-सङ्गतिभणित-कलिहोगीसुजन-मन-भावनी,
भव-अङ्ग-भूति श्मशान की सुमरे सुहावन-पावनी।

दो०—सबको अतिशय-प्रिय लगा, भणित-राम-यश-सङ्ग,
दारु-विचार कहाँ, जहाँ वन्दित मलय-प्रसङ्ग?
श्याम-सुरभि, पय विशद अति, गुणद, करेंगे पान,
-ग्राम से रामयश, गावें-सुनें सुजान।

चौ०—मणि-माणिक मुक्ता-छवि जैसी,
अहि-गिरि-गज-शिर रही न वैसी;
नृप-किरीट तरुणी-तनु पाकर,
ली अपनी शोभा अधिकाकर।
वैसे, बुध कहते हैं, कविता
उपजी कहीं, कहीं-छवि-भविता।
भक्त-हेतु विधि-भवन छोड़कर,
आती है शारदा तोड़कर;

यदि न नहाई राम-चरित-सर,
वह श्रम गया न शत उपाय पर।
कवि-कोविद यह हृदय सोचकर,
गाते हैं गुण मल विमोचकर।
प्राकृत जन के गुण गाने पर,
पछताती है गिरा प्रहत-कर।
हृदय सिन्धु, मति सीप, ज्ञान है,
स्वाति शारदा के समान है;
वारि-विचार बरसता है यदि,
तो कविता मुक्ता की है छवि।

दो॰—युक्ति बेधकर पोहिए, रामचरित-बरताग,
पहनेंगे सज्जन विमल, शोभा अति अनुराग।

चौ॰—जो कराल कलि के विशेष हैं,
करतब-काक मराल-वेश हैं;
चलते कुपथ वेद-मग छोड़े,
कपट-कलेवर, कलिमल गोड़े;
होकर वञ्चक-भक्त राम के,
किङ्कर कञ्चन-क्रोध-काम के;
उनमें पहली रेखा मेरी,
धिक धर्मध्वज धन्धक-घेरी।
अपने दुर्गुण सकल कहूँगा,
कथा बढ़ेगी, पार न हूँगा।
इससे अति अल्प में कहा है,
बुध को स्वल्प, विशेष रहा है।

मेरी बहुविध विनय लीजिए,
सुनकर कथा न खोर दीजिए।
शङ्का जिनको इतने से भी,
मति थोड़ी, हों जितने से भी।
नहीं कवयिता, नहीं चतुर नर,
गाता हूँ हरियश गुणानुसर।
कहाँ राम के चरित, अमित जो,
कहाँ बुद्धि, मति मेरी, जित जो।
जिस मारुत गिरि-मेरु उड़े हैं,
कहो, तूल किस लेखे में हैं।
समझे अमित राम-प्रभुता है,
कहते कथा सहज लघुता है।

दो॰—शेष शारदा, शम्भु, विधि, आगम, निगम, पुराण
नेति नेति कहकर सुगुण करें निरन्तर गान।

चौ॰—ज्ञात सभी को, प्रभुता गोई,
विना कहे भी रहा न कोई।

वेदों ने रक्खे हैं कारण,
भजन-प्रकार, भाव-निर्धारण।
एक अनीह, अरूप, अनामा,
अज, सच्चिदानन्द, गुणधामा।
व्यापक विश्व-रूप, जगदीश्वर,
धृत-बहु-देह, चरित-मायाकर।
वह केवल भक्तों ही के हित,
कृपालु-स्वरूप-अवतरित।
ममता और स्नेह जिस जन पर,
किया न क्रोध कभी उस तन पर।

अकल दीन के लिए सकल हैं,
राजा-रघुपति सरल सबल हैं।
यह जानकर कहेंगे हरि-यश,
बुध-जन गिरा करेंगे निज वश।
इस बल मैं रघुपति के गुण-गण,
कहता हूँ करके पद-वन्दन।
प्रथम कीर्ति मुनियों ने गाई,
सुगम उसी मग चलते माई।

बृ॰दो॰—जो अपार नद, नृपों ने किये सेतु जिनपर सुघर,
पिपीलिका भी परम-लघु उनसे पार हुई निडर।

चौ॰—इस प्रकार मन में बल लाकर,
रघुपति-कथा कहूँगा सस्वर।

व्यास-आदि जितने कवि-पुङ्गव,
कहे चरित सादर निरुपद्रव।
चरण-कमल बन्दूं उनके, रे,
पूरे सकल मनोरथ मेरे।
कलि के कवियों का भी वन्दन,
करता हूँ जो इस गुण चन्दन।
जो प्राकृत कवि परम सयाने,
भाषा में हरि-चरित बखाने।
हुए, अभी हैं, होंगे आगे,
बन्दूं उनको, छल-बल त्यागे।
हों प्रसन्न, वरदान मुझे दें,
साधु-समाज-मान मुझसे लें।

बुध न आदरेंगे प्रबन्ध जो,
बालक-कवि-श्रम, किया, मन्द वह।
भणित कीर्ति वह भली भूति है,
सुरसरि के सम विमल धूति है।
भणित भदेस, सुकीर्ति राम की,
अन्देशा है, है अकाम भी।
उपमा दूँगा यही ठाट पर,
सियन सुहावन हुई टाट पर।
लोग अनुग्रह करें जानकर,
भाषा मेरी विमल-यशःसर।

दो॰—कीर्ति विमल, कविता सरल, वह आदरें सुजान,
सहज बैर को भूलकर, रिपु भी करें बखान।

बृ॰दो॰—बिना विमल मन के न वह,
अति थोड़ा मति-बल मुझे।
करे कृपा, हरियश कहूँ,
पुनः निहोरूँ मैं तुझे।

दो॰—कवि-कोविद रघुवर-चरित-मानस-मञ्जु-मरालम,
बाल-विनय सुनकर, सुरुचि लखकर रहें कृपाल।

सो॰—बन्दूं मुनिपद-कञ्ज, रामायण जिनकी लिखी,
सखर सुकोमल मञ्जु, दोष-रहित दूषण-सहित।
बन्दूं चारों वेद, भव-वारिधि-बोहित-सदृश
नहीं स्वप्न में खेद, कहते जिनको राम-यश।
बन्दूं विधि-पद-रेणु, भव-सागर जिनका रचा,
साधु-सुधा-शशि-धेनु, प्रगटे खल, विष, वारुणी।

बृ॰दो॰—विबुध-विप्र-बुध-ग्रह-चरण गहूँ, जोड़कर कर कहूँ,
खुश होकर पूरो सकल मञ्जु मनोरथ, वर लहूँ।

चौ॰—फिर बन्दूं सुरसरित, शारदा,
जल-अक्षर की युगल भारदा।

एक नहाये पिये पापहर,
कहते-सुनते अपर तमस्तर।
माता-पिता महेश-भवानी,
प्रणमूं दीन-बन्धु दिनदानी।
सेवक, स्वामी, सखा राम के,
सब विधि हित, निरुपाधि नामके।
हर-गिरिजा ने कलि बिलोककर,
सरजा मन्त्र-जाल जग शाबर।
अनमिल आखर, अर्थ न जप है,
भाव प्रगट है, शङ्कर-तप है।
वह महेश अनुकूल दास पर,
कहूँ कथा सुख-मूल रासथर।
गौरी-शङ्कर का वर पाकर,
बरनूं राम-चरित्र मनोहर।
भणित भूरि-शिवकृपा-भात है,
शशि-समाज से सजी रात है।
जो इनके हैं सहज निकेतन,
कहें-सुनेंगे सुजन सुचेतन।
होंगे रामचरण-अनुरागी,
कलिमल-रहित सुमङ्गल-भागी।

दो॰—सपने भी मुझपर सही, यदि हरि-गौरि-प्रसाव,
तो फुर हो जो कुछ कहूँ, भाषा-भणित प्रभाव।

चौ॰—बन्दूं अवधपुरी अति-पावन,
सरयू-सरि कलि-कलुष-नसावन।

प्रणमूं पुर-नर-नारी फिर-फिर,
जिनपर नहीं अल्प ममता स्थिर।
सीता-निन्दक-पाप नसाये,
लोक विशोक बनाये, लाये।
बन्दूं प्राची-दिक् कौशल्या,
जिनकी कीर्ति सकल दिशि हल्या;
जाये जहाँ राम शशि सुन्दर,
खल-शतदल-हिम,विश्व-विभोधर।
दशरथ-राव-सहित सब-रानी,
सुकृति-सुमङ्गल-प्रतिमा जानी;
करूँ प्रणाम वचन-मन-तत्पर,
करो कृपा सुत-दास जानकर।-
जिनको रचकर बड़ा विधाता,
बड़ी रहीं मा-पिता-विमाता;

दो॰—बन्दूं वे नरनाथ, सत्य-प्रेम जिनका रहा;
छुटा तनय का हाथ, प्रिय तनु तृण इव परिहरा।

चौ॰—प्रणमूँ सह-विदेह वे परिजन,
हरिपद गूढ़-स्नेह जिनके मन;

योग-भोग में रखा छिपाकर,
राम देखते प्रगटा भास्वर।

प्रणमूँ प्रथम भरत के युग-पद,
जिनके व्रत से विश्व वशम्मद;
राम-चरण-पङ्कज जिनका मन
तजता नहीं मधुप इव केतन।
बन्दूं लक्ष्मण-पद-सरोज धन,
शीतल, सुभग, भक्त-सुख-जीवन;
रघुपति विमल-पताक-कीर्ति का
जिनका जस जैसे दण्ड टिका;
शेष सहस्र-शीर्ष जग-कारण,
जो अवतरे भूमि-भय-टारन,
सदा रहें अनुकूल दास पर,
कृपा-सिन्धु सौमित्रि गुणाकर।
मैं रिपुसूदन - चरण - प्रकामी,
शूर, सुशील, भरत-अनुगामी।
महावीर हनुमत-पद मैं नत,
जिनके यश राम ने किया रत।

सो॰—बन्दूं पवन-कुमार, खल-वन-पावक ज्ञान-घन,
जिनके उर-आगार बसे राम शर-चाप-धर।

चौ॰—कपि-पति, ऋक्ष, निशाचर-नायक,
अङ्गदादि जो कीश सहायक,
बन्दूं सबके चरण सुहाये,
अधम शरीर राम-धन पाये।
रघुपति-चरण-उपासक जितने
खग-मृग-सुर-नर असुर न कितने,

बन्दूं पद-सरोज मैं सबके,
बने राम के अब के तब के।
शुक-सनकादि भक्त-मुनि-नारद,
जो मुनिवर विज्ञान-विशारद,
बन्दूं सबको महि रखकर सिर,
करो कृपा निज जन पर फिर-फिर।
जनक-सुता जग-जननी सीता,
अतिशय-प्रिय, करुणा को गीता।
उनके युग-पद-कमल मनाऊँ,
जिनकी कृपा विमल-मति पाऊँ।
फिर मन-बचन-कर्म रघुनायक,
चरण-कमल बन्दूं सब-लायक।
नव-राजीव-नयन, धनु-सायक,
भक्त-विपत्ति-भञ्ज सुखदायक।

दो॰—गिरा-अर्थ-जल-वीचि-सम, कहिए भिन्न-अभिन्न,
बन्दूं सीताराम-पद, जिनको अति-प्रिय खिन्न।

चौ॰—बन्दूं राम-नाम रघुवर के,
हेतु कृशानु-भानु-हिमकर के।
विधि-हरि-हरमय वेद-प्राण-सम,
गुण-निधान भी अगुण अनागम।
महामन्त्र वह शिव जपते हैं,
काशी-मुक्ति-हेतु तपते हैं।
महिमा जिनकी जाने गणपति,
प्रथम पूजिए गुण-प्रभाव-मति।

ज्ञात आदिकवि को प्रभाव वर,
उलटे जप से हुए शोधकर।
नाम-सहस्र-समान सुवाणी
सुनकर जपती रहीं भवानी।
हर हरषे उर-हेतु हेरकर,
स्त्री को किया स्त्रियाभूषण वर।
जाना शिव ने राम-नाम-बल,
किया अमिय-सम काल-कूट-फल।

दो०—वर्षा-ऋतु रघुपति-सुरति, तुलसी, शालि सुदास,
राम-नाम वर-वर्ण-युग, सावन-भादों-मास।

चौ०—अक्षर मधुर-मनोहर दोनों,
वर्ण-विलोचन, जन-धन, सोनों।

करते स्मरण सरोज-नाभ हैं,
लोक-विलोक निबाह-लाभ हैं।
कहते-सुनते भले-भले वे,
राम-लक्ष्मण, गले-गले वे।
बरने वर्ण प्रीति बिलगी है,
ब्रह्म-जीव की घात लगी है।
नर-नारायण-सदृश सुभ्राता,
जग-पालक, विशेष जन-त्राता।
भक्ति-नरी-कल-करण-विभूषण,
जग-हित-हेतु-विमल-विधु-पूषण।
स्वादु-तोष-सम सुगति-सुधा के,
कमठ-शेष-सम धर वसुधा के।

जन-मन-मञ्जु-कञ्ज-मधुकर-से,
जीभ-यशोमति-हरि-हलधर-से।

दो॰—एक छत्र, इक मुकुट-मणि, सब वर्णों पर साज,
श्रीरघुनायक-नाम के वर्ण बिराजे आज।

चौ॰—समझे अधिक नाम औ, नामी,
प्रीति परस्पर प्रभु-अनुगामी।

नाम-रूप ईश की बाधना,
अकथ, अनादि, सुबुद्धि-साधना।
छोटा-बड़ा कहूँ अपराधन,
समझेंगे गुण-भेद साधु-जन।
नाम-अधीन रूप रहता है,
नाम-विहीन नहीं बहता है।
किसी रूप का नाम न जाना,
कर-तल-सुगत नहीं पहचाना।
स्मरिए नाम, न रूप देखिए,
आयेगा उर में, सरेखिए।
नाम-रूप-गति अकथ कहानी,
समझे सुखद, न गई बखानी।
अगुण-सगुण में नाम सुसाखी,
उभय-प्रबोधक, चतुर दुभाखी।

दो॰—राम-नाम-मणि-दीप रख, जीभ-देहली-द्वार,
भीतर, बाहर तू सदा यदि चाहे उजयार।

चौ॰—नाम जीभ जपकर योगी-जन
जगे विरिञ्चि-प्रपञ्च-विरत-मन।

ब्रह्मानन्द अनुभवें अनुपम,
अकथ अनाम अरूप अनागम।
जो जानना चहें निगूढ़ गति,
नाम जीभ से जपकर लें मति।
यति ने नाम जपा लौ लाकर,
हुए सिद्ध अणिमादिक पाकर।
जपा नाम आर्तों ने जी-भर,
मिटा कुसङ्कट, हुए सुखाकर।
चार प्रकार राम के जन जग,
चारो सुकृती, स्नेहमय, अनघ।
उनको नामाधार सार है,
ज्ञानी पर सविशेष प्यार है।
चारो युग, श्रुति, यही सही है,
कलि में अन्य उपाय नहीं है।

दो॰—सकल-कामना-हीन जो, राम-भक्ति-रस-लीन,
नाम-प्रेम-पीयूष-हद किये वचन-मन मीन।

चौ॰—रूप ब्रह्म के अगुण सगुण दो,
कथ, अगाध, अनादि, अघुण जो।

मेरे मत से नाम महत्तर
जिसके वश हैं दोनों सत्वर
प्रौढ़ सुजन जन जानें जन की,
कहूँ प्रतीति, प्रीति-रुचि मन की।
एक दारु-गत, एक देखिए,
पावक-युग-सम ब्रह्म लेखिए।

उभय अगम, युग सुगम नाम से,
नाम बड़ा है ब्रह्म-राम से।
एक ब्रह्म अविनाशी व्यापक,
चेतन सदानन्द सुखज्ञापक,
ऐसे प्रभु उर में रहते हैं,
किन्तु जीव जग दुख सहते हैं।
नाम-निरूपण नाम-यत्न से,
प्रगटे वे ज्यों मोल रत्न से।

दो॰—निर्गुण से यों है बड़ा, नाम-प्रभाव अपार,
कहूँ राम से भी बड़ा, निज-विचार-अनुसार।

चौ॰— विहित, राम ने नर-तनु लेकर,
सङ्कट सहे, किये जन-सुखकर।
जपते नाम सप्रेम, विना-श्रम,
भक्त हो रहे हैं नन्दन-सम।
एक अहल्या हरि ने तारी,
कोटि-कुमति नाम ने सुधारी।
हरि ने एक ताड़का मारी,
सुत सुबाहु, सेना संहारी;
दले नाम ने दोष दास के,
जैसे रवि-कर निशा-नाश के।
शङ्कर-धनुष राम से टूटा,
नाम-प्रताप विश्व-भय छूटा।
दण्डक-वन प्रभु-चरण-सुहावन,
जन-मन-अमित नाम से पावन।

दलित-निशाचर श्री रघुनन्दन,
नाम सकल-कलि-कलुष-निकन्दन।

दो०—शबरी-गीध-सुसेव को सुगति-दान रघुनाथ,
बचे नाम से अमित खल, वेद-विदित गुण-गाथ।

चौ०—राम-कृपा, सुग्रीव-विभीषण,
अभय हुए, पाई भी सुशरण।
कितने जन नाम ने निवाजे,
लोक-वेद-वर-विरद बिराजे।
राम, भालु-कपि-कटक बटोरा,
सेतु-हेतु श्रम किया न थोड़ा,
लेते नाम भवार्णव सूखे,
करो विचार, सुजन, मन-रूखे।
राम, सकुल रण रावण मारा,
सीता-सहित स्वपुर पग धारा।
राजा राम, अवध नृपधानी,
गाते हैं सुर-मुनि वर-वाणी।
ली दास ने नाम की गीता,
अश्रम प्रबल मोह-दल जीता।
फिरा स्नेह के मग सुख अपने,
नाम-प्रताप नहीं दुख सपने।

दो०—ब्रह्म-राम से यों बड़ा, नाम महा वरदान,
राम-चरित-शत कोटि में, लिया ईश ने जान।

चौ०—नाम-प्रताप शम्भु सम्राजे,
मङ्गल-राशि अमङ्गल साजे।

शुक-सनकादि सिद्ध मुनि योगी,
नाम-प्रसाद ब्रह्म-सुख-भोगी।
नाम-प्रताप विदित नारद को,
जग-प्रिय हरि, हरि-प्रिय निर्मद वह।
जपते नाम प्रसाद मिले हैं,
भक्त-सिरों प्रह्लाद खिले हैं।
ध्रुव सग्लानि नाम लेते हैं,
राम ठौर अविचल देते हैं।
पावन नाम पवनसुत लेकर,
करते हैं राम को स्ववश-पर।
अपर अजामिल, गज, गणिका भी,
हुए मुक्त हरि-नाम-प्रभासी।
नाम कहाँ तक बड़ा बकेंगे,
राम नाम-गुण न गा सकेंगे।

दो॰—राम-नाम का कल्पतरु, कलि-कल्याण-निवास,
हुए स्मरण से, भाग्य से, तुलसी तुलसीदास।

चौ॰—चारो युग, त्रिकाल, लोकत्रय,
जीव विशोक हुए नामाशय।

वेद-पुराण-साधुजन की मति,
सकल-सुकृत-फल राम-चरण-रति।
ध्यान प्रथम युग, मख द्वितीय में,
प्रभु-पूजन द्वापर, तृतीय में।
कलि मल-मूल, मलीन हुआ मन,
पाप पयोनिधि, मीन हुआ जन।

नाम कामतरु, काल डटा है,
स्मरण किये जग-जाल छटा है।
राम-नाम कलि-अभिमत-दाता,
हित-परलोक, लोक पित-माता।
कलि में कर्म न धृति विवेक है,
राम-नाम अवलम्ब एक है।
कालनेमि कलि कपट-धाम है,
हनुमत्-सुमति समर्थ नाम है।

दो॰—राम-नाम नर-केशरी, कनक-कशिपु कलि-काल;
पाला जन-प्रह्लाद को, दलकर असुर विशाल।

चौ॰—भाव, कुभाव, अनख, आलस भी,
जपते नाम कुशल दिग्दश की।

नाम-प्रभाव कहूँ गुण-गाथा,
रघुपति-चरण झुकाकर माथा।
वही सुधारेंगे सब, भाई,
जिनकी कृपा न कृपा अघाई।
स्वामी राम, दास मैं काला,
निज दिशि लखा, दया से पाला।
लोक-वेद यह रीति बखानी,
सुनकर विनय प्रीति पहचानी।
धनी-दरिद्र, ग्रामनर-नागर,
पण्डित-मूढ़ मलीन-उजागर,
सुकवि-कुकवि निज मति-विचार-भर;
नृप को बरते हैं नारी-नर।

साधु, सुजान, सुशील भूमि-पति,
ईश-अंश, भव, परम-कृपा-रति,
देते हैं सम्मान देखकर
लोगों को मति-गति विसेखकर।
यह प्राकृत महीप की है गति,
ज्ञान-शिरोमणि कोशल के पति।
राम रीझते हैं शुचि नाते,
मुझसे कौन मन्द-मति जाते?

दो॰—शठ-सेवक की प्रीति-रुचि रखते हैं जनपाल,
उपल किये जलयान, कपि-भल्ल सचिव मति-माल।
कहलाता, कहते सभी, सहते हरि परिहास,
साहब सीतानाथ-सम, सेवक तुलसीदास।

चौ॰—बड़ी ढिठाई, चूक निगोड़ी,
सुनी नरक ने, नाक सिकोड़ी;
समझ, सहमकर, अपडर अपने,
वह सुध न की राम ने सपने।
समझी सूझ, सुचित-चख चाही,
पति ने मम मति-भक्ति सराही।
कहते नसी, हुई हिय नीकी,
रीझे हरि, जानी जन-जी की।
प्रभु-चित रही न चूक किये की,
जगी सुरति सौ बार हिये की।
जिस अघ बलि व्याध-सम मारा,
उसी पाप सुग्रीव सिधारा,

करनी वही विभीषण ने की,
सपने भी न राम ने देखी।
भरत-सदृश उनको सम्माना,
राज-सभा राम ने बखाना।

दो॰—प्रभु तरुतल, कपि डाल पर, उनको किया समान,
तुलसी, कहीं न राम-सम, साहब शील-निधान।
राम कृपालु हुए, कृपा, सबके लिये मुकाम,
यदि यह सच है तो सदा, अग-जग में आराम।

बृ॰दो॰—कहे दोष-गुण इस तरह, सबके पद वन्दन किये,
कहता हूँ अब विमल यश रघुवर के चन्दन लिये।

चौ॰— याज्ञवल्क ने कथा सुहाई,
भरद्वाज को सविध सुनाई।

वह सम्वाद कहूँगा आगे,
सुनें सकल सज्जन अनुरागे।
किया शम्भु ने चरित सुहाया,
गौरी को फिर सुमुख सुनाया;
फिर काक से कहा शिव ने वर
राम-भक्ति-अधिकारी लखकर।
उनसे याज्ञवल्क ने पाया,
भरद्वाज के आश्रम गाया।
वक्ता श्रोता एक-शील भरि,
समदर्शी, जानें सलील हरि।
जानें तीनों काल, विश्व यह,
करतल-गत, आमलक-सदृश है।

हरि के भक्त और भी ज्ञानी,
कहें, सुनें, समझें वर-वाणी।

दो०—मैंने निज गुरु से सुनी कथा सु-शूकर-खेत;
समझ नहीं थी, बालपन, तब अति रहा अचेत।
श्रोता वक्ता ज्ञाननिधि, कथा राम की गूढ़,
समझे कैसे जीव जड़ कलि-मल-ग्रस्त विमूढ़।

चौ०— पर गुरु ने बहु बार सुनाई,
मति-अनुसार समझ में आई।

भाषा-बद्ध करूँगा मैं वह,
मेरे मन प्रबोध जिससे हो।
जैसा कुछ विवेक-बल मेरा,
वैसा भाषूंगा हरि-प्रेरा।
मन - सन्देह - मोह - भ्रमहरणी,
कहूँ कथा भव-सरिता-तरणी।
बुध-विश्राम समाज-रञ्जिनी,
राम-कथा कलि-कलुष-भञ्जिनी।
राम-कथा कलि पन्नग-भरणी,
फिर विवेक-पावक को अरणी।
राम-कथा कलि कामद-गाई,
सुजन-सजीवन-मूल सुहाई।
वसुधा के तल सुधा-रङ्गिनी,
भीति-भञ्जिनी, भ्रम-भुजङ्गिनी।
असुर - सेन - सम - नरक - कन्दिनी,
साधु-विबुध-कुल अचल-नन्दिनी।

सन्त - समाज - पयोधि - रमा - सी,
विश्वभार-धर-अचल-क्षमा-सी।
यम-गण-मुख-मसि जग यमुना-सी,
जीवन-मुक्ति-हेतु ज्यों काशी।
हरि को प्रिय पावन तुलसी-सी,
तुलसिदास-हित-हिय-हुलसी-सी।
शिव-प्रिय-मेकल-शैल-सुता-सी,
सकल-सिद्धि-सुख-सम्पतिका-सी।
सद्‌गुण-सुर-गण-मातृ-अदिति-सी,
रघुवर-भक्ति-प्रेम-परिमिति-सी।

दो॰—राम-कथा मन्दाकिनी, चित्रकूट चित चार,
तुलसी, सुन्दर स्नेह वन, सीता-राम-विहार।

चौ॰—चिन्तामणि हरिचरित-चार है,
सन्त-सुमति-नारी-सिंगार है।
जग-मङ्गल गुण-ग्राम राम के,
मुक्ति-दानि धन धर्म-धाम के।
सद्‌गुरु ज्ञान-विराग-योग के,
विबुध-वैद्य भव-भीम-रोग के।
जननी-जनक राम-सीता-रति,
बीज सकल-व्रत-धर्म-नियम-गति।
शमन सकल सन्ताप-शोक के,
प्रिय-पालक परलोक-लोक के।
सचिव-सुभट भूपति-विचार के,
कुम्भज लोभ-उदधि-अपार के।

काम-क्रोध-कलिमल-करिगण के,
केशरिशावक जन-मन-वन के।
अतिथि पूज्य प्रियतम पुरारि के,
कामद-घन दारिद-दवारि के।
मंत्र-महामणि विषय-ब्याल के,
मेटें कठिन कुअङ्ग भाल के।
तम-मद-मोहहरण दिनकर-से
सेवक शालिपाल जलधर-से।
अभिमत-दान देव-तरुवर-से
सेते सुलभ-सुखद हरि-हर से।
सुकवि-शरद-नभ-मन-उडुगण-से,
राम-भक्त जन-जीवन-घन-से।
सकल-सुकृत-फल भूरि-भोग-से,
जग के हित निरुपाधि लोग-से।
सेवक - मन - मानस - मराल - से,
पावन - गङ्ग - तरङ्ग - माल - से।

दो॰—कुपथ-कुतर्क-कुचालि-कलि कपट-दम्भ-पाषण्ड,
दंहन राम-गुण-ग्राम ज्यों इन्धन-अनल प्रचण्ड।
राम-चरित राकेशकर, सबको शरद सिताभ,
सज्जन-कुमुद, चकोर-चित, हित-विशेष, अति लाभ।

चौ॰— गिरिजा ने जिस विधि पूछा है,
शङ्कर ने जिस भाँति कहा है,
वह कुल हेतु कहूँगा गाकर,
कथा-प्रबन्ध विचित्र बनाकर।

कथा जिन्होंने सुनी न स्थिर-मन,
सुनकर अचरज करें न वे जन।
कथा अलौकिक सुनकर ज्ञानी,
अचरज करते नहीं अमानी।
मिति जग नहीं कथा की, आनें;
यह प्रतीति जिनके मन, जानें।
भाँति-भाँति अवतार, राम की,
रामायण शतकोटि नाम की।
कल्प-भेद हरि-चरित सुहाये,
विविध भाँति भक्तों ने गाये।
संशय उर न कीजिए इससे,
सादर सुनी कथा, वे हरसे।

दो॰—राम अनन्त, अनन्त गुण, अमित कथा-विस्तार,
करेंगे न आश्चर्य मन, जिनके विमल विचार।

चौ॰—दूर किया संशय, विधि पाई,
माथे गुरु-पद-धूल लगाई।

फिर जोड़कर पाणि रहता हूँ,
खोर न लगे, कथा कहता हूँ,
शिव को सादर नाकर माथा,
बरनूं विशद राम-गुण-गाथा।
सम्वत सोलह-सौ इकतिस है,
कथा कह रहा हूँ, आशिस है।
नवमी, चैत, भौम, मसि ली है,
अवधपुरी, यह रचना की है।

जिस दिन राम-जन्म गाते हैं,
तीर्थ समूह वहाँ जाते हैं।
असुर-देव-मुनि-नर बरते हैं,
रघुनायक-सेवा करते हैं।
जन्म-महोत्सव रचते हैं जन,
गाते हैं कल कीर्ति विशद-मन।

दो०—मज्ञन करते हैं बहुत सज्जन सरयू-नीर,
जपते हैं, उर ध्यानकर सुन्दर श्याम शरीर।

चौ०—दर्श-स्पर्श-मञ्जन-सुपान से
अघहर, सुनिये श्रुति-पुराण से।
नदी पुनीत, अमित, महिमा अति,
कह न सकीं शारदा विमल-मति।
राम-धामदा पुरी भावनी,
लोक-विदित, है विश्व-पावनी।
चार-खान जग-जीव आमरण,
अवध तजे तन, नहीं संसरण।
पुरी मनोहर है, जितनी विधि,
सकल-सिद्धिप्रद, मङ्गलकी निधि।
विमल-कथा-प्रारम्भ किया है,
काम-दम्भ-मद श्रवण छिया है।
राम-चरित-मानस सुनाम है,
सुनते श्रवण मिला विराम है।
उसका विषय अनल-वन जलकर
भस्म हुआ जो आया इस सर।

राम-चरित-मानस मुनि-भावन
शिव ने रचा सुहावन पावन।
त्रिविध-दोष-दुख-दारिद-दावन,
कलि-कुचाल-कलि-कलुष-नसावन।
शिव ने मनमें रखा बिरचकर,
कहा शिवा से पाकर अवसर।
इससे राम-चरित-मानस वर
दिया नाम हर ने हिय हँसकर।
वही कथा कहता हूँ सुखप्रद,
सुनिए सुजन मनों से निर्मद।

दो॰—जिस विधि जो मानस हुआ, जग-प्रचार जिस हेतु,
कहूँ कथा कुल स्मरणकर, हृदय उमा-वृषकेतु।

चौ॰—शम्भु-प्रसाद सुमति हिय हुलसी,
राम-चरित-मानस-कवि-तुलसी।

करूँ मनोहर सुमन-हार वर,
सुजन सुचित लेंगे सुधारकर।
सुमति भूमि-थल, उर अगाध धन,
वेद-पुराण उदधि, साधक जन;
बरसें यश रामका, वारिवर
मङ्गलकारी, मधुर, मनोहर।
कहें सगुण-लीला प्रकाश-भर,
वही स्वच्छता मल-विनाश-कर।
प्रेम-भक्ति जो हुई न वर्णित,
वही मधुरता, शीतलता सित।

उस जल सुकृत शालि का है हित,
राम-भक्ति जग-जीवन विकसित।
मेघा-महि-गत वह जल पावन,
चला सिमटकर श्रवण सुभावन।
भरा सुमानस, शिथिल, थिराया,
सुखद-शीत रुचि-रुचिर चिराया।

दो॰—सुठ सुन्दर सम्वादवर बिरचा बुद्धि-विचार,
वे इस पावन सुभग सर घाट मनोहर चार।

चौ॰—सप्त-बन्ध सोपान सुभग हैं,
ज्ञान-नयन-जन-मनके मग हैं।

महिमा हुई अगुण अबाध जो,
बरनूँगा कल जल अगाध वह।
सीता वर-यश सलिल-सुधा-सम,
उपमा वीचि-विलास मनोरम।
पुरइन सघन चारु चौपाई,
युक्ति मञ्जु मणि-सीप सुहाई।
छन्द-सोरठे, सुन्दर दोहे,
वे बहुरङ्ग कमल-कुल सोहे।
अर्थ अनूपम, भाव, सुभाषित,
वे पराग, मकरन्द सुवासित।
सुकृत - पुञ्ज - मञ्जुल - अलि - माला,
ज्ञान - विराग - विचार - मराला।
ध्वनि - अवरेव - कवित्त - जाति - गुण,
मीन मनोहर बहुविध सुनिपुण।

अर्थ-धर्म-कामादि चार हैं,
कहिए, ज्ञान, विचार-सार हैं।
नवरस जप-तप योग याग हैं,
वे सब जलचर इस तड़ाग हैं।
सुकृती साधु नाम-गुण-गायन,
वे विचित्र जल-विहग शुभायन।
सभा चतुर्दिक की अमराई,
श्रद्धा ऋतु बसन्तसम गाई।
भक्ति-निरूपण विविध विधानों,
क्षमा, दया, द्रुम, लता, वितानों;
संयम-नियम फूल-फल नाना,
हरि-पद-रति रस, यही बखाना।
और कथाएँ बहु-प्रसङ्ग हैं,
विविध-वर्ण शुक-पिक विहङ्ग हैं।

दो॰—पुष्प-वाटिका बाग-बन सुख-सुविहङ्ग-विहार,
माली-सुमन-स्नेह-जल सींचें लोचन चारु।

चौ॰—जो गाते हैं, चरित सँभाले,
वे इस ताल चतुर रखवाले।
सदा सुनें सादर नर-नारी,
वे सुरवर मानस-अधिकारी।
अतिखल जो विषयी बक-कागे,
इस सर जाते नहीं अभागे।
शम्बुक-भेक-सिवार उस सलिल,
नहीं विषय-रस-कथा एक तिल।

इस कारण आते हिय हारे,
कामी काक-बलाक बिचारे।
आते इस सर बड़ी कठिनता,
आ न जाय, पाई न यदि कृपा।
सङ्ग कठिन, पथ भी कराल हैं,
जन वचनों के व्याघ्र-व्याल हैं।
गृह के कार्य विरूप-माल हैं,
अति दुर्गम वे गिरि विशाल हैं।
वन बहु विषम-मोह-ममता-मद,
नदी कुतर्क भयङ्कर निष्पद।

दो॰—जो श्रद्धा-सम्बल-रहित, नहीं साधु का साथ,
उनको मानस अगम अति जिन्हें न प्रिय रघुनाथ।

चौ॰—यदि मति उनको सम्मति देगी,
जाते जूड़ी-नींद लगेगी।

जाड़ा जड़ता का आता है,
गया नहीं मज्जन पाता है।
मज्जन-पान नहीं कर सकता,
फिर आता है बकता-बकता।
कोई अगर पूछने आया,
निन्दा करके उसे सुनाया।
रहा विघ्न का एक न लेखा,
हरि ने जिसे कृपा से देखा।
वही नहाता है सादर सर,
जलता नहीं ताप से दुस्तर।

तजते नहीं सरोबर वे नर,
जिनके भले भाव हरिपद पर।
चहे नहाना यदि तू इस सर,
तो सत्सङ्ग करे मन लाकर।
मन की आँखों मानस देखा,
कवि की खुली बुद्धि की रेखा।
उर-आनन्द-उछाह उड़ा है,
प्रेम-प्रमोद-प्रवाह जुड़ा है।
चली सुभग कविता सरिता-सी,
राम-विमल-यश-जल-भरिता-सी।
सरयू नाम, मूल मङ्गल की,
लोक-वेद-मत, कूल अमल की।
नदी नीत मानस-विनन्दिनी,
कलि-मल-तृण-तरु-मूल-कन्दिनी।

दो॰—श्रोता त्रिविध समाज-पुर ग्राम-नगर युग-कूल,
साधु-सभा अनुपम अवध, सकल सुमङ्गल-मूल।

चौ॰—राम-भक्ति सुर-सरित् खिली है,
सरयू जैसे कीर्ति मिली है।

सानुज राम-समर-यज्ञ पावन
मिला महानद शोण सुहावन।
युग के मध्य देवधुनि-धारा,
हुई विरति की एक सहारा।
त्रिविध तापिका निज बल मल दी,
राम-स्वरूप-सिन्धु को चल दी।

मानस-मूल मिली सुरसरि से,
सुनते मनको पावन कर दे।
बीच-बीच हैं कथन विभञ्जित,
तीर-तीर वन-उपवन रञ्जित।
उमा - महेश - विवाह - बराती,
वे जलचर अगणित, बहु घाती।
राम जन्म-आनन्द-बधाई,
भ्रमर-तरङ्ग मनोहर आई।

दो॰—बाल-चरित बन्धुओं के, वनज विपुण बहुरङ्ग
नृप-रानी परिजन-सुकृत, मधुकर, वारि-विहङ्ग।

चौ॰—धनुर्यज्ञ की कथा सुहाई
नदी शोभिनी, छवि की छाई।

नौकाएँ बटु-प्रश्न लेख ले,
केवट उत्तर सही देख ले।
कथोपकथन परस्पर जो हो,
पथिक-समाज सरित्तट की वह।
परशुराम-रिस है धारा खर,
घाट सुबन्ध राम-वाणी-वर।
विहित विवाह-उछाह सहानुज,
सुख उमगा सबको अनेक-भुज।
कहते-सुनते हुलसे-पुलके,
नहा रहे हैं वही अतुल के।
राम-तिलक को सजे सुमङ्गल,
पर्वयोग के जुड़े सकल दल।

कैकेयी की मति काई है,
जिसके हेतु बिपत पाई है।

दो॰—शमन सकल उत्पात अति, भरत-चरितजप-याग,
कलि-अघ-खल-अवगुण-कथन, वे जल-मल बक-काग।

चौ॰—सरिता-कीर्ति छहों ऋतुओं में,
सुभावनी पावनी दसों में।

हिम-ऋतु गिरिजा-शिव-विवाह है,
शिशिर सुमन-जन-गण-उछाह है।
राम-विवाह-समाज कहेंगे,
मंगलमय ऋतुराज रहेंगे।
दुस्सह ग्रीष्म, विराग, गमन-वन,
पन्थ-कथा, खर-ताप, पवन-स्वन।
वर्षा घोर निशाचर-अरिता,
सुर-कुल-शालि-सुमंगलकरिता।
राम-राज्य-सुख, विनय, बड़ाई,
विशद सुखद वह शरद सुहाई।
सती-शिरोमणि-सीता-गुण-गण,
वही अमल अनुपम अवलम्बन।
भरत-स्वभाव, सुशीतल करनी,
सदा एकरस गई न बरनी।

दो॰—अवलोकन, बोलन, मिलन, प्रीति, परस्पर हास,
भायप चारों बन्धु का, जल-माधुरी, सुवास।

चौ॰—आर्ति, विनय, दीनता हमारी,
लघुता-ललित सुवारि सवाँरी।

सुनते अद्‌भुत जल गुणकारी,
आस - प्यास - मानस - मलहारी।
राम-प्रेम से पोषित वह जल,
हरता है कलि-कलुष मनोमल।
भव-श्रम-शोषण तोष-वितोषण,
दुरित-दुःख दारिद्र्य-विमोचन;
काम-क्रोध-मद-मोह-नाश को,
विमल-विवेक-विराग-वास को;
सादर मज्जन-पान कीजिए,
पाप और परिताप छीजिए।
जिसने वारि न मानस धोया,
उस कायर ने काल बिगोया।
तृषित, देखकर किरणों को जल,
जीव-सदृश फिरते हैं मृगदल।

बृ॰दो॰—मति-अनुहारि-सुवारि-गुण गिनकर नहलाकर सुमन,
हर-गिरिजा को सुमरकर कहूँ कथा, समझें सुजन।

दो॰—श्री-रघु पति-पद-पंकरुह उर लाकर सुरसाद,
कहूँ युगल मुनिवरों के मिलन-सुभग सम्वाद।
भरद्वाज-मुनि ने किये जैसे प्रश्न अनेक,
याज्ञवल्क ने जो दिये उत्तर, कहूँ सवेक।

चौ॰—भरद्वाज-मुनि तीर्थराज के,
राम-चरण-अनुराग-साज के।

दया-निधान, तपस्वी, शम-दम-
धर्म-कर्म-पथ, महाज्ञान-रम।

होता है रवि माघ-मकर जब,
तीर्थराज जाते हैं जन सब।
देव - दनुज - नर - किन्नर - श्रेणी,
मज्जन करते सभी त्रिवेणी।
विमल पूजते हैं माधव-पद,
अक्षय-बट छूकर अति गद्गद।
भरद्वाज-आश्रम अति-पावन,
परमरम्य मुनिवर-मन-भावन।
ऋषि-समाज उस स्थल जाते हैं,
तीर्थराज जो जो आते हैं।
प्रात नहाते हैं उछाह से,
हरि-गुण गाते हैं सुराह से।

दो॰—ब्रह्म-निरूपण, धर्म-विधि कहते हैं सविभाग।
तत्व-भक्ति भगवान की, निर्मल ज्ञान, विराग।

चौ॰—इस विधि मकर नहाते हैं वे,
निज आश्रम फिर जाते हैं वे।

प्रति-वत्सर सानन्द नहाकर,
मुनिवर जाते हैं अपने घर।
एक बार भर-मकर नहाये
मुनिगण निज आश्रमों सिधाये।
याज्ञवल्क-मुनि मन-विवेक वर,
भरद्वाज ने रखा टेककर।
सादर चरण-सरोज पखारे,
शुभ आसन बैठाकर हारे।

पूजा की, मुनि-कीर्ति बखानी,
बोले अति पुनीत मृदुवाणी।
नाथ, एक संशय मेरे है,
करतल वेद-तत्त्व तेरे है।
कहते मेरा जी रोता है,
यदि न कहूँ, अकाज होता है।

दो०—कहते हैं, यह नीति, प्रभु, श्रुति-पुराण-विश्राव,
होता नहीं विवेक उर, गुरु से किया दुराव।

चौ०—यह विचारकर कहूँ मोह निज,
कहो, स्वजन पर करो छोह, द्विज।

नाम-प्रभाव अमित रहते हैं,
साधु-पुराण-वेद कहते हैं।
जपते हैं अविनाशी शङ्कर,
ज्ञानराशि भगवान गुणाकर।
आकर चार जीव जग के हैं,
काशी मरे, परमपद से हैं।
वह क्या हरि की महिमा मुनिवर,
जिससे शिव देते हैं उत्तर।
राम कौन, प्रभु, पूछूँ तुझसे,
कह करुणा करके तू मुझसे।
राम एक अवधेश-सुमन हैं,
उनका चरित विदित जन-जन में।
नारी-विरह-दुःख उर धारा,
हुआ रोष रण रावण मारा।

बृ॰दो॰—वही राम या अपर जन, शङ्कर जपते हैं जिन्हें?
सत्यज्ञान सर्वज्ञ तुम, समझाओ सच-सच हमें।

चौ॰—जिससे मिटे, मोह, भारी भ्रम,
कहो सविस्तर कथा मनोरम।

याज्ञवल्क बोले, मुसकाकर,
तुम्हें विदित, प्रभुता के रघुवर।
राम-भक्त मन-कर्म-वचन तुम,
समझे हम चतुराई विद्युरुम।
गूढ़-राम-गुण श्रवण करोगे,
मूढ़ प्रश्न करके सवँरोगे।
तात, सुनो, सादर मन लाकर,
कहूँ राम की कथा सुखाकर
महामोह महिषेश-सदृश है,
राम-कथा कालिका अकृश है।
राम-कथा शशि-किरण मान लो,
साधु-चकोर, प्रकाश-पान लो।
गौरी को ऐसा ही संशय,
शङ्कर ने समझाया आशय।

दो॰—कहूँ बुद्धि-अनुसार सब उमा-शम्भु-सम्वाद,
जिस कारण, जिस समय, वह, सुन मुनि मिटे विषाद।

चौ॰—एक बार त्रेता-युग निस्पृह,
शम्भु गये कुम्भज ऋषि के गृह।

सङ्ग सती, जननी संसृति की,
पूजा ऋषिवर ने, आरति की।

कही कथा मुनि ने साराधन,
सुनी महेश्वर ने पावन-मन।
पूछी ऋषि ने भक्ति, सुहाई,
कही शम्भु ने, रति अधिकाई।
हरि-गुण-गाथा कहते-सुनते,
शिव के दिन बीते सुख बुनते।
मुनि से मागी बिदा सुवाणी,
चले भवन शिव, सङ्ग भवानी।
उस अवसर महिभार-विभञ्जन,
हरि अवतरे राम रघुनन्दन;
पिता-वचन से राज्य छोड़कर
बिहर रहे थे दण्डक-वन वर।

बृ॰दो॰—हृदय सोचते गये हर, कैसे हों दर्शन परम,
गुप्त रूप अवतरे प्रभु, जान गये सब जन सुषम।

सो॰—शङ्कर-उर अति-क्षोभ, सती न जाने मर्म वह,
तुलसी दर्शन-लोभ, मन डर, लोचन लालची।

चौ॰—लिया मरण रावण ने नर-कर,
करना चाहा हरि ने विधिपर।

जाऊँ न, रहेगा पछतावा,
बना न करते एक बनावा।
इस विधि हुए सोचवश ईश्वर,
इसी समय आया दशकन्धर।
लिये नीच मारीच सङ्ग निज;
कपट-कुरङ्ग हुआ वह अद्विज।

हरी जानकी किया गूढ़ छल,

विदित मूढ़ को रहा न प्रभु-बल।

बधकर बन्धुसहित प्रभु आये,

आश्रम शून्य, नयन जल छाये।

विरह-विकल नर-इव रघुनायक,

फिरे खोजते, बन्धु सहायक।

जिसके योग-वियोग नहीं है,

प्रकट विरह का दुख वहीं है।

दो॰—अति-विचित्र रघुपति-चरित, जाने परम सुजान,

जो मति-मन्द विमोह-वश, हृदय धरें कुछ आन।

चौ॰—लखा राम को शिव ने उस क्षण,

उपजा हृदय हर्ष अविशेषण।

लोचन भरकर छबि का सागर

देखा; असमय; मिले न सादर।

जय सच्चिदानन्द, जग-पावन,

कहकर चले मनोभवदावन।

साथ सती के, चलते शङ्कर,

पुलकित होते हैं अन्वन्तर।

देखी दशा सती ने शिव की,

उपजा उर सन्देह, पत गई।

शङ्कर जगद्वन्द्य परमेश्वर,

नाते हैं सिर सुर-नर-मुनिवर।

नृप के सुत को सीस झुकाया,

कहकर सच्चित्, तेरी माया।

हुए मग्न उनकी छवि से वे,
प्रीति नहीं रहती उर जैसे।

दो॰—ब्रह्म विश्वमय विरज अज, निर्गुण अकल अभेद,
क्या तनु लेकर नर वही जिसे न जाने वेद?

चौ॰—विष्णु देव-हित नर-तनु धरकर,
हैं सर्वज्ञ यथा त्रिपुरेश्वर।

खोजेंगे क्या वे भी नारी,
जैसे अज्ञ, ज्ञान-गुणधारी?
पुनः न होगी मृषा शिव-गिरा,
उनको कहते हैं ब्रह्मशिरा।
यह संशय आया गौरी-मन,
हुआ न हृदय प्रबोध-प्रचारण।
जब भी वह वाणी मन गुन ली,
हर अन्तर्यामी ने सुन ली।
सुनो, सती, नारी-स्वभाव है,
संशय आया है, दुराव है।
वही कथा कुम्भज ने गाई,
मैंने जिनकी भक्ति सुनाई।
मेरे इष्ट वही रघुवर हैं,
मुनिवर जिनकी सेवा पर हैं।

छन्द—मुनि-धीर-योगी-सिद्ध सन्तत विमल-मन ध्यायें जिन्हें,
कहकर 'नहीं' आगम-निगम अति कीर्ति से गायें जिन्हें;
वे राम व्यापक-ब्रह्म भुवन-निकाय-पति माया-धनी,
अवतरे अपने भक्त-हित निज-तन्त्र नित रघुकुल-मनी।

सो॰—लगा न उर उपदेश, यद्यपि शिव ने बार बहु,
कहा "धन्य अखिलेश, तव माया, भावी प्रबल।

चौ॰—"यदि अतिशय सन्देह हुआ मन,
तो चलकर कीजिए परीक्षण;

"तब तक बैठा वट-छाया-तल,
लौट आइएगा फिर इस स्थल।
"जिससे मिटे अपार मोह-भ्रम,
यत्न कीजिए सह-विवेक-श्रम"
चलीं सती शिव-आज्ञा पाकर,
किया विचार, "करूँ क्या" जाकर।
यहाँ शम्भु ने सोचा मन तब,
दक्षसुता का नहीं कुशल अब।
कहने पर भी गया न संशय,
विधि विपरीत, रहा भय ही भय।
कहे कौन, होगी विधि-भाषा,
करे कुतर्क, बढ़ाये शाखा?
कहकर जपने लगे निरत-मन,
गईं सती प्रभु जहाँ सुखासन।

दो॰—फिर-फिर हृदय विचारकर घरकर सीता-रूप,
आगे आईं सामने जिस पथ थे सुर-भूप।

चौ॰—लक्ष्मण यह कृतवेश देखकर
चकित हुए उर भ्रम बिसेखकर,

अति गम्भीर नहीं कुछ बोले,
राम-प्रभाव न पथ से डोले।

सती-कपट जाना रघुवर ने
समदर्शी सब के अन्तर ने।
जिनके स्मरण मोह मिटता है,
वही राम, कर तम पिटता है।
किया सती ने कपट वहाँ भी,
यह नारी जो मनोरमा भी।
निज माया-बल हृदय जानकर
बोले मृदु मुसकाकर रघुवर,
हाथ जोड़कर, नत-प्रणाम-पर,
नाम पिता का, अपना लेकर,
"कहिए, कहाँ शम्भु भव-तारण?
विपिन अकेली हो, किस कारण?"

दो॰—सुने वचन मृदु-गूढ़ अति, उपजा उर सङ्कोच,
सती, भीत, शिव के निकट, चलीं, हृदय अति सोच।

चौ॰—"मैंने शिव का कहा न माना,
निज अज्ञान राम पर आना।

"चलकर मैं दूँगी क्या उत्तर?"
उपजा दारुण दाह मानहर।
समझे राम सती का वह दुख,
प्रकट प्रभाव किया कुछ सम्मुख।
चलते हुए सती ने देखा,
राम, लखन, सीता की रेखा।
देखा फिर पीछे भी फिरकर,
बन्धु-सहित सीता हैं घिरकर।

समासीन जिस ओर निहारा,
मुनि प्रवीण के सेवित तारा।
देखे शिव-विधि-हरि अनेक-से,
अमित-प्रभा-बल एक एक से।
चरण-कमल-सेवा करते हैं,
सुरगण विविध वेश धरते हैं।

दो॰—सती विधात्री इन्दिरा, देखीं अमित अनूप,
जिस जिस वेश अजादि सुर, उस-उस तनु अनुरूप।

चौ॰—जहाँ-जहाँ रघुपति जितने हैं,
शक्ति-सहित सुर भी इतने हैं।
जीव-चराचर विश्व-हार के,
देखे सकल विविध प्रकार के।
देव पूजते हैं बहु-भूषण,
देखा अन्य न राम विदूषण।
देखे रघुपति भी अनेक-से
सीता-सहित, न विविध वेश के।
वही राम, लक्ष्मण, सीता हैं,
सती देखकर अति भीता हैं।
हृदय-कम्प, सुध तनक न तन की,
नयन मूदकर मग पर बैठीं।
दृग उघारकर अवलोका फिर
देखा दृश्य न कोई स्थिर-चिर।
फिर-फिर हरि को सीस झुकाकर,
चलीं जहाँ वट-छाया-तल हर।

दो॰–गईं समीप, महेश ने पूछी कुशल सुगत,
किया परीक्षप किस तरह, सत्य कहो सब बात।

चौ॰–मन में राम-प्रभाव समझकर,
किया दुराव सती ने पति-डर।

किया परीक्षण कुछ न गुसाईं;
किया प्रणाम आपकी नाईं।
कहा आपने, सत्य समुच्चय,
मेरे मन प्रतीति अब अतिशय।
शङ्कर ने मूँदे दृग देखा,
सती-चरित का सच-सच लेखा।
फिर हरि-माया को सिर नाया,
जिसने सहज असत्य कहाया।
हरि-इच्छा, भावी, जग हारा,
हर ने अपने हृदय बिचारा।
लिया सती ने सीता का तन,
शिव-उर हुआ विषाद-विशेषण।
करूँ सती से प्रीति और अब
फैलेगी अनीति साधन-मग।

दो॰–परम-प्रेम छुटता नहीं, करने पर अति पाप,
कहते नहीं महेश कुछ, हृदय अधिक सन्ताप।

चौ॰–अस्तु शम्भु ने सीस झुकाया,
राम-स्मरण से उर यह आया।

नहीं सती से मिलना इस तन,
शङ्कर ने सङ्कल्प किया मन।

यह विचारकर हर अविचल-मति
चले भवन जपते श्री रघुपति।
गगन हुई यह गिरा सुहाई,
जया महेश, यह भक्ति दृढ़ाई।
करे कौन जन जग ऐसा पण,
राम-भक्त तुम वसुधा पावन,
गगन-गिरा से सोच सती-उर,
पूछा शिव से उसका अङ्कुर।
किया कौन पण, कहो, कृपासव?
सत्य-धाम तुम सदा महाद्रव।
बार-बार गौरी ने पूछा,
शङ्कर का उत्तर था छूँछा।

दो॰—सती-हृदय अनुमान यह, जान गये सर्वज्ञ,
किया कपट क्या शम्भु से, नारी जड़मति अज्ञ।

सो॰—बिकता है पयसम सलिल, देख प्रीति की रीति क्या,
फटता है जब है अमिल, कपट-खटाई जब पड़ी।

चौ॰—हुआ सोच, समझीं निज करनी,
चिन्ता समधिक, गई न बरनी।

कृपा-सिन्धु शङ्कर अगाध-धन,
प्रकट न वह अपराध कहा कन।
पति का रुख देखकर भवानी,
तजा, सोचकर उर अकुलाईं।
कुछ न कहा, अघ हुआ सोचकर
आँवा जैसा तपा हृदय वर।

जाना शिव ने सोच सती का,
बोले जिससे हो दुख फीका।
सुनो, सती, इतिहास पुरातन,
कहते चले निवास-निष्ठ-मन।
पहुँचे हिम-गिरि, सोचा निज पण,
बैठे शिव वट-तल कमलासन।
हर ने सहज स्वरूप सँभाला,
लगी समाधि अखण्ड अनाला।

दो॰—रहा वास कैलास में, सती-सोच, कुम्हलाय,
मर्म न जाना किसीने, युगसम दिवस सिराय।

चौ॰—सती-शोक-सम्भार नित्य नव,
दुख-सागर के पार जायँ कब।
रघुपति का अपमान किया जो,
शङ्कर-प्रवचन मेंट दिया जो,
वह फल दिया मुझे धाता ने,
अशिव न रखा किसी पाता ने।
अब, विधि, यह न चाहिए तुझको
शङ्कर-विमुख जिलाए मुझको।
ग्लानि हृदय की कही न जाती,
राम-स्मरण करके सकुचाती।
यदि प्रभु दीन-दयालु कहाये,
आर्तिहरण, वेदों के गाये,
तो मैं विनय करूँ संयुग-कर,
छूटे वेग देह यह नश्वर।

यदि मेरे शिव-चरण स्नेह है,—
कर्म-वचन-मन सत्य-गेह है,

दो॰—तो समदर्शी सुनें प्रभु, करें वेग सदुपाय,
मरण-वरण हो बिना श्रम, असह विपत मिट जाय।

चौ॰—इस विधि दुःखित दक्ष-कुमारी,
दारुणता अति, छन-छन हारी।

सत्तासी-सहस्र सम्वत्सर
बीते, जगे शम्भु अविनश्वर।
करते राम-नाम-उच्चारण,
समझीं सती जमे भवतारण।
चलकर वन्दन किया शम्भु-पद,
शिव ने सम्मुख किया सभासद।
कहने लगे कथा हरि की शुभ,
दक्ष प्रजेश हुए उस नव युग।
देखा विधि ने, वे सब लायक,
उनको किया प्रजा का नायक।
यह अधिकार दक्ष ने पाया,
अति अभिमान हृदय में आया।
जग में ऐसा नहीं सभासद,
प्रभुता से जिसको न हुआ मद।

दो॰—मुनि बुलवाये दक्ष ने, करने लगे सुयाग,
न्यौते सादर सकल सुर, जो पायें मख-भाग।

चौ॰—किन्नर-नाग-सिद्ध-सुर-मुनि-गण
वधुओं सहित चले वर-वाहन।

विश्व-विरिञ्चि-महेश छोड़कर,
चले सकल सुर यान जोड़कर।
व्योम-विमान सती ने देखे,
चले जा रहे हैं सुर, लेखे।
गीत हो रहे हैं गुनियों के,
ध्यान छूटते हैं मुनियों के।
पूछा शिव से, बोले गुनकर,
पितृयज्ञ है, हरषीं सुनकर।
आज्ञा मुझको देंगे शिव यदि,
इस मिस वहाँ रहूँगी सुअवधि।
पति-परित्याग, हृदय भारी दुख,
कहें न निज अपराध सदुन्मुख।
बोलीं सती मनोहर वाणी,
भय - सङ्कोच - प्रेम - रस - सानी।

बृ॰दो॰—पिता-भवन उत्सव परम, यदि मुझको आदेश हो,
तो मैं जाऊँ देखने, शत-शत वन्दन आपको।

चौ॰—कहा भला, मुझको भी भाया,
पर अनुचित, न्योता न पठाया।
सभी बेटियों को बुलबाया,
बैर हमारे, तुम्हें भुलाया।
ब्रह्म-सभा हमसे दुख पाया,
सो अबतक अपमान कराया।
यों कोई महिला गवनेगी,
शील, न स्नेह, न कान रहेगी।

यद्यपि मित्र, पिता, गुरु के घर
विना बुलाये चलिये सत्वर
फिर भी जो बैर की मही है,
वहाँ गये कल्याण नहीं है।
हर ने बहुत प्रकार बुझाया,
भावी-वश न ज्ञान उर आया।
पति ने कहा कि विना बुलाये,
नहीं भला, चलिये जिस भाये।

बृ॰दो॰—देखा करके यत्न बहु, दक्ष-सुता मानी नहीं,
मुख्य गणों के सङ्ग वे आज्ञा से चलती हुईं।

चौ॰—पिता-भवन जब गईं भवानी,
मर्यादा न किसीने मानी।
माता एक, मिलीं जो सादर,
मगर भगिनियाँ मन मुसकाकर।
दक्ष ने न पूछी अच्छाई,
सहम गये कुल लोग-लुगाई।
सती चलीं वह याग देखती,
कहीं न हर का भाग देखती।
चढ़ा चित्त पर पति का कहना,
अति अपमान, न भाया रहना।
पिछला दुःख न इतना आया,
जितना यह परिताप समाया।
नाना दुःख धरा पर यद्यपि,
जाति न सम्मानित, सबसे अति।

अतः सती के पड़े भाल बल,
समझाया जननी ने नत-पल।

दो॰—शिव-अपमान, न सह गया, हुआ न हृदय प्रबोध,
सकल सभा हठ हटककर, बोलीं वचन सक्रोध।

चौ॰—समझो कैसा किया इन्होंने,
शङ्कर-निन्दा सुनी जिन्होंने;
मुनियो, वह फल सभी लहोगे,
पछताकर सब भाँति रहोगे।
पिता हाथ मलकर न बचेंगे,
ऐसी रचना भक्त रखेंगे।
हरि-हर-सज्जन जहाँ अनादृत,
जिससे ऐसा अनृत हुआ कृत,
उसकी, जीभ काटिए यदि वश,
भगिए कान मूदकर, अन्यस।
जगदात्मा त्रिपुरारि महेश्वर,
सबके हित के हित सर्वेश्वर।
पिता मन्द, करता है निन्दन;
दक्ष-शुक्र-सम्भव है यह तन;
इसीलिए यह देह तजूँगी,
चन्द्रमौलि वृषकेतु भजूँगी।
कहकर अग्नि जलाया वह तन,
हाहाकार उठा सुनिकेतन।

बृ॰दो॰—सती-मरण से शम्भु-गण, यज्ञ-ध्वंस करने लगे;
भृगु ने देखा, गणों को विनय-सहित बरने लगे।

चौ॰—सुना शम्भु ने सम्वाद सकल,
वीरभद्र को भेजा उस स्थल।
किया यज्ञ-विध्वंस उन्होंने
दिया सुरों को अंश उन्होंने।
दशा दक्ष की वही हुई अब
शम्भु-विमुख की जैसी है जग।
यह इतिहास सभीने जाना,
मैंने अति अल्प में बखाना।
मरते, हरि से माँगा यह वर,
सती रहूँ मैं, सेऊँ शङ्कर।
इसीलिए वे हिमगिरि के घर,
जनमी गिरिजा का तनु पाकर।
जब से उमा शैलगृह आईं,
सकल सिद्धियाँ गिरि पर छाईं।
रचे वहाँ मुनियों ने आश्रम,
दिये वास भूधर ने उत्तम।

दो॰—सदा सुमन-फल-सहित सब द्रुम नव नाना-जाति;
प्रकटे सुन्दर शैल पर मणि-आकर बहु-भाँति।

चौ॰—सरिताएँ कल जल बहती हैं,
चिड़ियाँ सभी सुखी रहती हैं।
सहज बैर पशुओं ने छोड़ा,
निर्भय बिचर रहा है जोड़ा।
सोहा गिरि, गिरिजा आई है,
जन ने राम-भक्ति पाई है।

नित्य नये उसके गृह मङ्गल,
ब्रह्मा गाते हैं यश उत्कल।
समाचार नारद ने पाये,
कौतुक ही हिम-गेह सिधाये।
शैल-राज ने किया समादर,
आसन दिया चरण पखारकर।
स्त्री के साथ भूमि सिर नाया,
चरण-सलिल सब भवन सिंचाया।
अपना भाग्य बहुत वर्णन कर,
सुता बुलाकर मेली पद पर।

वृ॰दो॰—त्रिकालज्ञ सर्वज्ञ तुम, प्रगति तुम्हारी विश्वभर;
कहो सुता के दोष-गुण, मुनिवर हृदय बिचारकर।

चौ॰—मुनि ने कही गूढ-मृदु वाणी
सुता तुम्हारी सब-गुण-खानी।
सुन्दर, सहज-सुशील, सयानी,
नाम उमा, अम्बिका, भवानी।
सब लक्षण-सम्पन्न कुमारी,
होगी यह प्रियतम को प्यारी।
सदा अचल अहवात रहेगा,
लोक-बाप-माँ को जस देगा।
जग में उसकी पूजा होगी,
सेवक कमी न होगा रोगी।
उसका लेकर नाम विश्वजन,
स्त्री को देंगे पतिव्रत पावन।

शैल, सुलक्षण सुता तुम्हारी,
कुछ अवगुण हैं, मैं बलिहारी।
अगुण, अमान, न रहे बाप-माँ,
उदासीन, निःसंशय, गणना।

दो॰—योगी, जटिल, अकाम-मन, नग्न अमङ्गल वेश;
ऐसा स्वामी मिलेगा, कर-रेखा निर्देश।

चौ॰—मुनि के वचन न मृषा मानकर,
दुख दम्पति को, उमा प्राण-पर।
नारद ने भी भेद न जाना,
दशा एक समझे बिलगाना।
गिरिजा, गिरि, मेना, वनिता-दल,
पुलक-शरीर, भरे लोचन जल।
मृषा नहीं देवर्षि के कथन,
रखे उमा ने हृदय वे वचन।
शिव-पद-कमल-स्नेह अति उपजा,
मिलन कठिन, सन्देह मन जगा।
जाना असमय, प्रीति दुराई,
सखी-गोद बैठी, मुसकाई।
झूठ नहीं नारद की वाणी,
सोचें दम्पति, सखी सयानी।
रखकर धैर्य कहा गिरिपति ने,
किस उपाय रहिए, किस मति में?

वृ॰दो॰—कहा मुनीश्वर ने सुनो, लिखा भाल विधि ने यथा,
देव, दनुज, नर, नाग, मुनि, किसी से न वह अन्यथा।

चौ॰—फिर भी एक उपाय कहूँगा,
दैव सहाय तो कर गुजरूँगा।
जैसे वर की हुई वर्णना,
निस्संशय है उसी की उमा।
जो जो दोष कहे हैं वर के,
वे सब, अनुमाने हैं, हर के।
यदि विवाह होगा शङ्कर से,
सम गुण-दोष हुए अम्बर के।
हरि अहि-सेज-शयन करते हैं,
दोष न मन बुधजन धरते हैं।
भानु-कृशानु सर्व-रस-ग्राही,
सब ने उनकी शक्ति सराही।
सलिल शुभाशुभ जो बहती है,
वह सुरसरि पवित्र रहती है।
दोष नहीं समर्थ को वैसे,
रवि-पावक सुरसरि को जैसे।

दो॰—ऐसी हिस्का करेगा जो नर जड़ अज्ञान,
नरक कल्पभर पड़ेगा; जीव न ईश-समान।

चौ॰—सुरसरि के जल बनी बारुणी,
पियेंगे न वह सन्त आरुणी।
सुरसरि से मिलकर वह पावन,
ईश - अनीश - भेद - सम्भावन।
शम्भु समर्थ सहज जगदीश्वर,
इस विवाह कल्याण सुअवसर।

दुराराध्य लेकिन महेश हैं,
आशुतोष भी, किये क्लेश, हैं।
अगर कुमारी तपश्चरेगी,
तो पुरारि को सत्य बरेगी।
यद्यपि जग में हैं अनेक वर,
इसको नहीं, विना-शङ्कर-हर।
वर दायक, प्रणतार्ति-विभञ्जन,
कृपा-सिन्धु, सेवक-जनन-रञ्जन।
इच्छित सुफल, विना-शिव-राधन,
मिला न, कोटि योग-जप-साधन।

दो॰—यह कहकर हरि सुमरकर दी उर की आशीष,
होगा अब कल्याण, कुल संशय तजो गिरीश।

चौ॰--मुनि कहकर हरि-भवन सिधाये,
अगले चरित सुनो, यों आये।
पति एकाकी, मेना आई,
कहा, न थाह बात की पाई।
यदि घर-वर-कुल का निबाह है,
तो गिरिजा का शुभ विवाह है;
नहीं, सुता क्वारी की क्वारी,
गिरिजा प्राणों से भी भारी।
उमा को न यदि मिला योग्य वर,
गिरि जड़, समझेंगे नारी-नर।
यह बिचारकर ब्याह कीजिए,
ताकि न उल्टे दाह लीजिए।

यह कहकर सर रखा चरण-तल,
बोले गिरि पत्नी से अविचल—
शशि से आग निकल सकती है;
नारद-बात, कि टल सकती है?

दो॰—प्रिये, सोच सब छोड़ दो, सुमरो श्री-भगवान,
देते हैं जो उमा को, करते हैं कल्याण।

चौ॰—तुम्हें सुता पर स्नेह अगर है
उसे सीख दो, यही सुघर है;
तप वह करे, मिले शङ्कर-वर,
अपर उपाय न क्लेश मिटा खर।
नारद-बचन सगर्भ, सहैतुक,
हर सुन्दर वर, गुण-निधि, कैतुक।
यह बिचारकर शङ्का छोड़ो,
शङ्कर निष्कलङ्क, मन जोड़ो।
पति की बात सुनी, हरषीं मन,
चली क्षिप्र-गति उमा-निकेतन।
देखी उमा, नयन-जल-माला,
स्नेह-समेत गोद बैठाला।
बार-बार निज हृदय लगाया,
गद्गद-कण्ठ, न कुछ कह आया।
विश्वमयी सर्वज्ञ भवानी,
बोलीं मातृ-सुखद-मृदु वाणी।

बृ॰दो॰—माता सुनिए, स्वप्न में देखा जो मैंने, कहूँ;
सुन्दर गौर सुविप्र के उपदेशों मैं अब रहूँ।

चौ॰—करें तपस्या शैल-कुमारी;
सत्य बात नारद की सारी।

यह मत माता को भी भाया,
सुखप्रद तप; दुख-दोष नसाया।
तप-बल रचे प्रपञ्च विधाता,
तप-बल विष्णु सकल-जग-त्राता।
तप-बल रुद्र विश्व-संहारक,
तप-बल शेष भार-महि-धारक।
तप-आधार सृष्टि, प्रिय वर्षण,
कहीं न गई तपस्या, हर्षण।
सुनकर वचन हुईं मा विस्मित,
स्वप्न सुनाया गिरि को सस्मित।
माँ-बाप को बहुत समझाकर,
चलीं उमा तप को हरषाकर।
प्रिय परिजन, माता घबराई,
हुई विकल, मुख बात न आई।

बृ॰दो॰—वेदशिरा मुनि गये तब, सबको समझाकर कहा,
महिमा गिरजा की विमल सुनी, कही सबने, अहा।

चौ॰—उर में उमा प्राण-पति के पद,
रखकर तपने लगीं विनिर्मद।

अति सुकुमार, न तप-लायक तन;
पति-पद सुमरे, तजे भोगगण।
नव अनुराग नित्य उपजा पद,
तप मन लगा, हुआ तन गद्गद।

वर्ष सहस्र मूल-फल खाये,
शत फिर शाकाहार बिताये।
कुछ दिन भोजन वारि-समीरण,
किये उपास कठिन-कुछ दिन बन।
सूखे बेलपत्र महि आये,
तीन सहस्र वर्ष वे खाये।
पर्ण छोड़कर हुईं विवर्णा,
उमा-नाम तब पड़ा अपर्णा।
उमा हुईं जब तप-क्षीण-तन,
घहरी ब्रह्म-गिरा उस नभ धन—

दो॰—हुआ मनोरथ सफल तव सुन गिरिराज-कुमारि,
परिहर दुःसह क्लेश सब, आयेंगे त्रिपुरारि।

चौ॰—ऐसी हठ न किसी ने ठानी,
हुए अनेक धीर मुनि-ज्ञानी।
रक्खो हृदय ब्रह्म-वर-वाणी,
जिसके प्रति रति शुचितम जानी।
आयें पिता बुलाने को जब,
हठ परिहरकर घर जाना तब।
मिलें तुम्हें जब सप्तर्षीश्वर,
समझो सप्रमाण वागीश्वर।
सुनी गिरा जब वह नभ-छाई,
पुलक गात गिरिजा हरषाई।
उमा-चरित मैंने गाया है,
सुनो शम्भु का, जो भाया है।

तजा सती ने जिस क्षण से तन,

उपजा अति विराग शिव के मन।

राम-नाम जपते रहते हैं,

गुण सुनकर तपते रहते हैं।

दो॰–चिदानन्द, सुख-धाम शिव विगत-क्रोध-मद-काम,

बिचर रहे हैं हृदय हरि सकल-लोक-विश्राम।

चौ॰–कहीं ज्ञान मुनि को देते हैं,

कहीं ज्ञान से गुन लेते हैं।

हैं अकाम, फिर भी भगवत्पद;

भक्त-विरह से हुए वशम्वद।

बहुत काल बीता ऐसे ही,

नित्य राम-पद-पङ्कज-स्नेही।

प्रेम-नियम शङ्कर का देखा,

अविचल खिंची भक्ति की रेखा;

प्रगटे राम कृतज्ञ कृपामय,

रूप-शील-निधि तेज-सदाशय।

शङ्कर को बहुरूप सराहा,

नियम तुम्हीं ने कठिन निबाहा।

बहुत प्रकार पुनः समझाया,

गिरिजा का जब जन्म सुनाया।

अति-पवित्र गिरिजा की करनी,

सविस्तार शङ्कर से बरनी।

दो॰–विनय हमारी सुनो शिव, यदि हम पर अति स्नेह,

चलकर ब्याहो उमा को, रहो न अधिक विदेह।

चौ॰—यद्यपि मुझको नहीं उचित यह,
मिटा नहीं सकता मैं आग्रह।

सिर पर है आदेश तुम्हारा,
परम धर्म यह नाथ हमारा।
गुरु, प्रभु, माता, पिता के वचन,
विना-विचार पालिए तत्क्षण।
सभी तरह मेरे हितकारी,
तुम, सिर आज्ञा नाथ तुम्हारी।
प्रभु तोषे शिव-सम्बोधन से,
भक्ति-विवेक-धर्म-रोपण से।
कहा, तुम्हारा ही पण है हर,
कर लेना अपना घर भास्वर।
अन्तर्धान हुए यह कहकर,
रही मूर्ति वह हर के अन्तर।
तब सप्तर्षि घुसे सुनिकेतन,
शोभन वचन किया सम्भाषण।

बृ॰दो॰—चलिए, गिरिजा हैं जहाँ, प्रेम-परीक्षा लीजिए;
गिरि को प्रेरित कर उन्हें निज घर आने दीजिए।

चौ॰—ऋषियों ने देखा, छवि कैसी,
प्रतिमामयी तपस्या जैसी।

बोले मुनि, सुन, शैलकुमारी,
किस कारण है यह तप भारी?
किसको अवराधा, क्या चाहा,
सत्य कहो, क्यों यह जल थाहा।

सुनकर उनके बचन भवानी
बोलीं मधुर-मनोहर वाणी;
कहते मेरा बदन सिकुड़ता,
हँसिएगा सुनकर यह जड़ता।
सीख न सुनी, न कुछ भी माना,
चाहा जल पर भीत उठाना;
नारद का कहना सच माना,
बिना-पङ्ख खग चहा उड़ाना।
ऐसी मैं अविवेकी, कर्ता,
शिव, चाहती, सदा हों भर्ता।

दो॰—सुनकर ऋषियों ने कहा, गिरि-सम्भव तव देह;
नारद के उपदेश से, बसा किसी का गेह?

चौ॰—दक्षसुतों को यों उपदेशा,
भवन उन्होंने पुनः न देखा,
चित्रकेतु का भी घर घाला,
कनक-कशिपु से भी यह पाला।
नारद-उपदेशों नर-नारी,
भवन छोड़कर हुए भिखारी।
मन कपटी, तन सज्जन जाना,
उसका रूप नहीं पहचाना।
उसके वचन प्रतीति हुई मन,
चाहा उदासीन, अनिकेतन।
निर्गुण, निपट कुवेश, कपाली,
अकुल, अगेह, दिगम्बर, व्याली।

कहो, कौन सुख ऐसे वर से,
अच्छी भूली ठग के कर से।
कहते हैं जन सती बिवाही,
शिव ने, फिर अपडरों मरा दी।

दो॰—अब सुख सोते सोच क्या, भीख मागकर खायँ,
सहज इकाकी के भवन, नारी कभी खटायँ?

चौ॰—अब भी मानों कहा हमारा,
हमने वर दूसरा विचारा।

अति-सुन्दर पति सुखद, शील-मति
कहते हैं सब जन सलील-गति।
दोष-रहित सब गुण के न्यासी,
वे श्रीपति वैकुण्ठ-निवासी।
ऐसा सुघर मिलाएँ हम वर,
कहा भवानी ने तब हँसकर।
सत्य कहा, गिरि-सम्भव यह तन,
छुटे न हठ, छूटे बर जीवन।
कहा, कनक पत्थर का तोड़ा;
जलकर भी न सहज गुण छोड़ा।
नारद-वचन नहीं परिहरती,
उजड़े, बसे भवन, कब डरती?
गुरु के वचन प्रतीति नहीं है,
सपने भी सुख, सिद्धि लही है?

दो॰—महादेव अवगुण-भवन विष्णु सकल गुणधाम,
जिसका मन जिससे रमा, उसको उससे काम।

चौ॰—यदि तुम मिलते पहले मुनिवर,
लेती सीख तुम्हारी सिर पर।
मैंने जन्म शम्भु-हित हारा,
किसने भी गुण-दोष बिचारा?
अगर तुम्हारे हृदय बहुत हठ,
बाँधी है वरिष्ठता की रट,
तो कौतुकियों को क्या आलस?
वर-कन्या अनेक जग में; बस।
कोटि जन्म तक रगड़ हमारी,
बरूँ शम्भु या रहूँ कुमारी।
नारद का उपदेश न छोड़ूँ,
कहें शम्भु सौ बार, न तोड़ूँ।
पैर पड़ूँ मैं, अम्बा बोली,
घर जाइए, देर भी होली।
प्रेम देखकर बोले मुनि-चय;
जगदम्बिके, भवानी, जय, जय।

दो॰—तुम माया, भगवान शिव; सकल विश्व सञ्जात;
नाकर पद सिर, मुनि चले, फिर-फिर हर्षित-गात।

चौ॰—हिमगिरि को भेजा ऋषियों ने,
घर लौटो, की विनय उन्होंने।
सातो ऋषि शिव-आश्रम आये,
कथन उमा के सभी सुनाये।
हुए मग्न शिव स्नेह श्रवणकर,
गये गेह ऋषि हृदय-हर्ष भर।

शङ्कर ने फिर किया चित्त स्थिर,
करने लगे ध्यान हरि का चिर।
तारक असुर हुआ उस अवसर,
भुज-प्रताप, बल, तेज सुविस्तर।
उसने लोक, लोकपति जीते,
हुए देव धन-बल से रीते।
अजर-अमर वह, मरा न मारे,
विविध युद्ध लड़कर सुर हारे।
ब्रह्मा से पुकार सब ने की,
देवों को सलाह विधि ने दी।

बृ॰दो॰—सबको समझाकर कहा, दनुज-निधन होगा सही;
शम्भु-शुक्र-सम्भूत सुत, इसको जीतेगा वही।

चौ॰—कहना मानो तो उपाय है,
होगा यदि ईश्वर सहाय है।
तजा सती ने पिता-गेह तन,
जनमी वही हिमालय के वन।
किया कठिन तप शिव-पति के हित,
शिव समाधि बेठे संयत-चित।
यद्यपि असमंजस है भारी,
बात एक यह सुनो हमारी।
भेजो, काम जाय शिव-आश्रम,
करे क्षोभ उनके मन सोद्यम।
तब हम चल कर सीस झुकाकर,
ब्याह करायेंगे बरियाकर।

इस विधि हो सकता है साधन,
अच्छा मत है, बोले सब जन।
स्तुति की देवों ने विनीत-मन,
प्रगटे विषम-बाण झष-केतन।

दो॰—कही बिपत निज सुरों ने, मन में किया विचार,
नहीं कुशल शिव-रोध से, हसकर बोले मार।

चौ॰—फिर भी काम करेंगे, ज्यों द्रुति,
परम धर्म उपकार, यही श्रुति।

परहित में जो तजते हैं तन,
करते हैं जन उनका शंसन।
यह कहकर सबको सिर नाकर,
सुमन-धनुष कर चले सुहाकर।
चलते यह मति हृदय बिचारी,
शिव-विरोध ध्रुव मृत्यु हमारी।
तब अपना प्रभाव फैलाकर,
किया विश्व को अपना अनुचर।
कोपे जभी वारिचर-केतन,
मिटे सकल श्रुति-सेतु उसी क्षण।
ब्रह्मचर्य, व्रत, संयम नाना,
धैर्य, धर्म, विज्ञान, न माना।
सदाचार, जप, योग न जागा,
समय विवेक-कटक सब भागा।

छन्द—भागा विवेक सहाय-सहित कि कटक जितने, महि मुड़े,
सद्ग्रन्थ पर्वत-कन्दरों चलकर कि उस अवसर दुरे।

करतार भूला, होनहार सजीव, जग खरभर पड़ा,
दो-माथ नत, रतिनाथ का तिर्यक-दृगों धनुशर चढ़ा।

दो॰—जो सजीव जग, चर, अचर; नारि-पुरुष के नाम
वे तजकर मर्याद निज, हुए सभी वश-काम।

चौ॰—सबके हृदय मदन-अभिलाषा,
झुकी लता लखकर तरु-शाखा।

नदी पयोनिधि को द्रुत धाई,
मिले परस्पर ताल-तलाई।
ऐसी दशा जड़ों की बरनी,
कौन कहे फिर चेतन-करनी?
पशु-पक्षी जल-स्थल-नभ के चर,
हुए कामवश समय भूलकर।

छन्द—हैं कामवश योगीश-तापस, पामरों की क्या कथा?
देखें चराचर नारिमय जो ब्रह्ममय थे सर्वथा।
अबला बिलोकें पुरुषमय जग पुरुष अबलामय रहा
दो दण्ड तक ब्रह्माण्ड में यह काम-कृत कौतुक महा।

सो॰—रहा न कोई धीर, सबके मन मनसिज-हरे,
जिनके उर रघुवीर वे उबरे इसकाल जग।

चौ॰—हुआ उभय घटिका यह कौतुक,
गया काम जबतक शिव-सम्मुख।

हर को देखा, छूट गई धृति,
हुई यथास्थिति सारी संसृति।
हुए विश्व के जीव सुखाले
जैसे मद-उतरे मतवाले।

हर को लखकर मदन गया डर,
दुराधर्ष, दुर्गम, विश्वेश्वर।
फिरते लाज, न कुछ कह जाती,
ठाना मरण, उपाय पिघाती।
ऋतुराज की रुचिरता साजी,
कुसुमित नव-तरु-राजि बिराजी।
वन, उपवन, वापी, तड़ागचय,
परम-सुभग दिग्भाग नवल-वय।
जहाँ तहाँ अनुराग जगा है,
मरे हृदय भी मार लगा है।

छन्द—जागा मनोभव मुए-मन वन-सुभगता न गई कही;
शीतल सुगन्ध सुमन्द मारुत मदन अनल-सखा सही,
बिकसे कमल बहु रङ्ग गूँजे पुञ्ज, मञ्जुल मधुकरा,
कल-हंस-पिक-शुक-सरस-रव, नव-गान, नाचीं अप्सरा।

दो॰—सकल कलाएँ कीं, मगर हारा सैन्य समेत;
डिगी न अचल समाधि वह, काँपा हृदय-निकेत।

चौ॰—निपट-रसाल-विटप-वर-शाखा,
उस पर चढ़ा मदन मन-माखा।
सुमन-चाप पर शर सन्धाने,
अति-रिस, तका, कानतक ताने।
छोड़े विषम बाण, उर लागे,
छुटी समाधि, शम्मु तब जागे।
क्षोभ हुआ सविशेष ईश-मन,
देखा सब दिशि खोलकर नयन।

सौरभ-पल्लव मदन देखकर,
कोपे हर, काँपे लोकेश्वर।
शिव ने खोला ज्ञान का नयन,
क्षार मार हो गया उसी क्षण।
हाहाकार उठा जग में भय,
घबराये सुर, असुर सुखाशय।
हुए शोकवश कामुक भोगी,
निष्कण्टक साधक-कुल, योगी।

छन्द—योगी अकण्टक हुए, रति, पतिगति सुनी मूर्च्छित हुई,
रोई, कहा बहुभाँति, करुणा की, महेश्वर-ढिग गई।
अति-भक्ति, सविनय, विविध-विध, कर जोड़कर सम्मुख रही
प्रमु आशुतोष, कृपालु शिव, अबला लखी, बोले सही।

दो॰—अब से, रति, तव नाथ का होगा नाम अनङ्ग;
व्यापे वपु के बिना भी, सुन निज मिलन-प्रसङ्ग।

चौ॰—जब यदुवंश कृष्ण उतरेंगे,
महाभार महिभार हरेंगे।

कृष्ण-तनय होगा तेरा पति,
वचन सत्य, अन्यथा न हो मति।
गौनी रति सुनकर हर-वाणी,
इधर कथा यह अपर बखानी।
समाचार देवों ने पाये,
ब्रह्मादिक वैकुण्ठ सिधाये।
सब सुर, विष्णु, विरिञ्चि, सजे-मन,
गये जहाँ शिव कृपा-निकेतन।

पृथक-पृथक की स्तुति जोड़कर,
हुए प्रसन्न चन्द्र-मौलीश्वर।
बोले कृपा-सिन्धु भव-तारण,
कहो अमर, आये किस कारण?
विधि ने कहा, जानते हैं सब,
फिर भी मैं कहता हूँ कुल अबः—

दो॰—सभी सुरों के हृदय यह बढ़ा हुआ उत्साह,
निज आँखों देखें विशद नाथ तुम्हारा ब्याह।

चौ॰—देखें उत्सव भरकर लोचन,
वैसा करो मदन-मद-मोचन।

रति को वर, काम को जलाकर;
हुआ नाथ, यह अतिशय सुन्दर।
साँसत, फिर यह जो प्रसाव है,
प्रभुओं का अति सहज भाव है।
गिरिजा ने तप किया कठिन तम,
अङ्गीकार कीजिए, अनुपम।
सुनकर विधि की विनय समझकर
ऐसा ही हो, बोले स्मरहर।
देवों ने दुन्दुभी बजाई,
बरसे सुमन, विजय सरसाई।
अवसर हुआ, सप्त ऋषि आये;
विधि से गिरि-गृह गये पठाये।
पहले गये जहाँ थीं गिरिजा,
मधुर वचन बोले, छल सिरजा।

दो॰—कही हमारी की नहीं, नारद के उपदेश,
हुआ तुम्हारा झूठ पण, हुए अकाम महेश।

चौ॰—गिरिजा मुसकाई यह सुनकर;
उचित कहा भी तुमने, मुनिवर।

ज्ञान तुम्हारे, शिव सकाम थे,
काम जलाया अब सब समझे।
ज्ञान हमारे, सदा अभोगी,
अज, अनवद्य, सदा शिव योगी।
हमने उनकी सेवा ठानी,
प्रीति-समेत कर्म-मन-वाणी;
पण उसका यह, सुनो, मुनीश्वर,
केवल शङ्कर ही होंगे वर।
कहा कि हर ने काम जलाया
रहा बड़ा अविवेक तुम्हारा।
तात अनल का यह स्वभाव है
नहीं वहाँ हिम का टिकाव है।
गये समीप अवश्य नसाये,
मन्मथ-शिव की तरह बुलाये।

दो॰—हिय हरषे मुनि वचन से सुगत-प्रीति-विश्वास,
चले भवानी को झुकाकर सर हिमगिरि-पास।

चौ॰—गिरिपति को कुल बात सुनाई,
मदन-दहन सुनकर न समाई।

शिव की प्रभुता के विचार से
बुलवाये मुनिवर विचार के।

सुदिन सुनखत सुघड़ी सुचाई,
वेग वेद-विधि-लग्न धराई।
पत्री सातों ऋषियों ने दी,
पद-गत विनय हिमाचल ने की।
दी पत्रिका विधाता के कर,
पढ़ते उनका हृदय गया भर।
पढ़कर लग्न सुनाई सबको,
हरषे सुनकर मुनिवर समझो।
सुमन-वृष्टि नभ बाजे बाजे,
मङ्गल कलश दसो दिशि साजे।

दो॰—सुर सँवारने लगे निज वाहन, विविध विमान;
होयँ सगुन मङ्गल सुभग, करें अप्सरा गान।

चौ॰—शम्भु-गणों ने किया, सिंगारा,
जटा-मुकुट अहिमौर सँवारा।
कुण्डल, कङ्कण, व्यालाभूषण,
तन विभूति, केसरि-चर्मासन।
शशि ललाट, सुन्दर सिर गङ्गा,
त्रिनयन, श्री उपवति-भुजङ्गा।
गरल कण्ठ, उर नर-शिर-माला,
अशिव वेश, लोगों को पाला।
कर त्रिशूल, डमरू, वाहन चढ़
वसह चले, बाजों दहले गढ़।
शिव को सुर-देवियाँ देखकर,
बोलीं, दुलही नहीं यथावर।

विष्णु, विरिञ्चि आदि सुरत्राता,
वाहन चले बरात सुशाखा।
सुर-समाज सब भाँति अनूपम,
कुल बरात, तुल, दूलह दूलम।

दो॰—कहा विष्णु ने बिहँसकर, बुलवाकर दिशिराज,
बिलग-बिलग होकर चलो, निज-निज, सहित-समाज।

चौ॰—बर अनुहर बारात नहीं है,
ऐसे पर-पुर गये हँसी है।

विष्णु-वचन से जन मुसकाये,
अपनी सेना से बिलगाये।
मन-ही-मन शिव भी हँसते हैं,
हरि के व्यङ्ग वचन बसते हैं।
प्रिय के अतिप्रिय वचन श्रवणकर,
भृङ्गी को टेरा डेरे पर।
बुलवाये कुलगण, अनुशासन
सुनकर आये सब, शीश-चरण।
बनी वाहिनी नाना-पेशा,
बिहँसा जिसने भी रुख देखा।
कुछ मुख-हीन, विपुल मुख कुछ के,
विना चरण-कर-पद, दुख कुछ से।
विपुल-नयन, कोई विहीन है,
पुष्ट हृष्ट, या महा क्षीण है।

छन्द—तन-क्षीण कोई, पीन, पावन-तन, अपावन गति धरे;
भूषण कराल कलाप कर, सब सद्य-शोणित-तन-भरे;

खर-श्वान-सुअर-शृगाल-मुख गण, वेशअगणित क्या गने?
योगी-पिशाच-जमात, करते बात चलने की बने।

दो॰—नाचें, गायें गीत, परम तरङ्गी भूत सब,
देखे अति विपरीत, बोले वचन विचित्र विधि।

चौ॰—जैसा दूलह है, बरात है;
मग कौतुक की चली घात है।

यहाँ हिमाचल के, वितान हैं,
तरह तरह के, सजे प्राण हैं।
शैल सकल जितने तक जग में,
लघु, विशाल; आये; श्री मग में।
वन, सागर, तालाब, नदी, नद,
बुला पठाये हिमगिरि ने सब।
काम-रूप, सुन्दर-तनुधारी
निज समाज सोही वर नारी।
आये सकल हिमाचल के घर,
गायें मङ्गल विमल स्नेह-स्वर।
पहले ही गिरि ने गृह बासे
जथा जोग सब लोग सुपासे।
सुन्दर पुर-शोभा बिलोककर
है विधि की निपुनाई लघुतर।

छन्द—लघु लगी विधि की निपुणता, लखिए नगर-शोभा सही;
वन, बाग, कूप, तड़ाग, सरिता सुभग, किसको क्या कही
मङ्गल-विपुल तोरण-पताका-केतु गृह-गृह सोहते
वणिता-पुरुष सुन्दर चतुर, छबि देखकर मुनि मोहते।

दो॰—जगदम्बा अवतरीं जब, पुर-शोभा साकार;
ऋद्धि, सिद्धि, सम्पत्ति सुख, नित्य नये विस्तार।

चौ॰—सुनकर नगर-निकट बरात है,
पुर खरभर, शोभा निवात है।

करके रुचिर बनाव सवाहन
लेने चले लोग आगामन।
सुर-सेनाएँ देखीं, हरषे,
हरि को जब देखा, रस बरषे।
शिव-समाज को देखा जिस क्षण,
भगे बिड़रकर जितने वाहन।
धीरज धरकर रहे सयाने,
बालक लेकर जीव पराने।
गये भवन, पूछें माता-गण,
कहें वचन वे भय-कम्पित-तन।
कहें, नहीं कुछ कह जाता है
जम की धार बरात कि क्या है;
वर बौराह, सवार बलद पर,
व्याल, कपाल, विभूषण हैं क्षर।

छन्द—तन छार, ब्याल-कपाल-भूषण, नग्न-जटिल, कराल-कर
भय, भूत-प्रेत-पिशाच, कटु-मुख, विकट-भट-नट-तिमिरचर।
जीता हुआ बारात देखे, पुण्य उसकी है बड़ी,
देखे व, उमा-विवाह घर-घर बात लड़कों ने कही।

बृ॰दो॰—हर-समाज है जानकर मुसकाये जननी-जनक,
बाल बुलाये विविध विधि, नहीं रहा अब डर तनक।

चौ॰—पुरजन अगवानी से लेकर
गये, दिये जनवास मनोहर।
मेना ने आरती सवाँरी,
सङ्ग सुमङ्गल गाये नारी।
कञ्चन थाल सोह वर पानी,
हर-परछन को चली सयानी।
विकट-वेश शङ्कर को देखा,
अबलाओं ने उर भय लेखा।
भगीं, भवन पैठीं अति त्रासों,
भेंजे गये लोग जनवासों।
मेना-हृदय हुआ दुख भारी,
लाई पास गिरीश-कुमारी।
समधिक स्नेह, गोद बैठाला,
श्याम-सरोज-नयन जल ढाला।
तुमको रूप दिया जिस विधि ने,
कैसे दिया बौर वर उसने?

छन्द—कैसे किया वर बौर जिस विधि ने तुम्हें दी सुधरता,
जो कल्पतरु को चाहिए था फल बबूलों में लगा।
गिरि से गिरूँ, पावक जलूँ, तुम-सहित जलनिधि में पड़ूँ,
घर जाव, अपजस हो न जग, जीवित विवाह न मैं करूँ।

बृ॰दो॰—अबलाएँ व्याकुल हुईं गिरिनारी को देखकर,
मेना ने रोकर कहा सुतास्नेह अवरेखकर।

चौ॰—नारद का क्या, कहाँ बिगाड़ा,
बसता मेरा भवन उजाड़ा।

इस उपदेश उमा को लाकर,
तपो विवाह किया बौरे वर।
सचसच उनके मोह न माया,
उदासीन, धन, धाम न जाया।
पर-घर-घालक, लाज न भीड़ा,
बूझी बाँझ प्रसव की पीड़ा।
जननी विकल लखी गिरिजा ने,
बोलीं मृदु विवेक की बातें,
सोचो न यह सोचकर माता,
टले न वह जो रचे विधाता।
लिखा कर्म में यदि बाउर पति
दोष लगाती हो क्यों सम्प्रति।
मिटा सकोगी कहाँ अङ्क-विधि?
व्यर्थ न लो माता कलङ्क-निधि।

छन्द—माता कलङ्क न लो, य' करुणा परिहरो, अवसर नहीं,
सुख-दुख ललाट लिखा, जहाँ भी जायँगे होगा वहीं।
सुनकर उमा के वचन कोमल, सकल-अबला सोचतीं,
बहु भाँति विधि को दोष देकर नयन-वारि बिमोचतीं।

दो॰—उसी समय नारद-सहित औ' सप्तर्षि-समेत,
समाचार से तुहिन-गिरि गये तुरन्त निकेत।

चौ॰—नारद ने सबको समझाया,
पिछला कथा-प्रसङ्ग सुनाया।
मेना, सुनो, सत्य यह वाणी,
जगदम्बा तव सुता भवानी।

अजा, अनादि, विकारनाशिनी,
सदा शम्भु की, अङ्ग-वासिनी!
जग-सम्भव-पालन-लयकरणी,
निज इच्छा लीला-वपुधरणी।
जन्मी प्रथम दक्ष-गृह जाकर,
हुई सती सुन्दर तनु पाकर।
ब्याह वहाँ भी किया शम्भु से,
जगत्प्रसिद्धि कथा सुहेतु से।
एक बार शिव के संग आते,
देखा रघुकुल-मणि को जाते।
हुआ मोह, हर-कहा न माना,
मोह, किया सीता का बाना।

छन्द—सीता-परिच्छद किया, इस अपराध शङ्कर को खली,
हर-विरह चलकर दक्ष के गृह-यज्ञ, योगानल जली।
अब गृह तुम्हारे जन्म, निज पति के लिए यह तप किया,
संशय तजो यह जानकर, गिरिजा सदा शङ्कर-प्रिया।

दो॰—सुनकर नारद के वचन सबका मिटा विषाद,
छन में व्यापा सभी पुर घर घर यह सम्वाद।

चौ॰—तब मेना-हिमगिरि आनन्दे,
फिर-फिर गिरिजा के पद बन्दे।
नारी-नर बालक गण आये,
नगर-लोग फिर-फिर हर्षाये।
बजे नगर में घर-घर मङ्गल,
सजे सभी ने हाटक-घट कल।

बहु प्रकार जिवनार बनाई,
सूपकारता इति पर आई।
वह जिवनार न गई बखानी,
बसती हैं गृह आप भवानी।
सादर बोले सकल बराती,
विष्णु-विरिञ्चि देव सब जाती।
विविध-पात, जेंने बैठे जन,
लगे परसने निपुण विप्रगण।
सुर जेंते हैं, महिलाओं ने
जाना, चोंच मढ़ाई सोने।

छन्द—गाली मधुर स्वर दे रही हैं व्यङ्ग बचन सुना रहीं,
जें रहे हैं सुर अति-विलम्ब, विनोद उन्हें चुपा रहीं।
जो स्वाद-सुख जेंते हुआ कोड़ियों मुँह न कहा गया,
अचवा दिये ताम्बूल, गवने वास, जिसका जो रहा।

दो॰—मुनियों ने हिमराज को सुघर सुनाई लग्न,
लोग बुलाये, ब्याह में हुए सभी जन मग्न।

चौ॰—बुला लिये सादर जितने सुर,
आसन दिये यथोचित उर, पुर।
वेदी वेद-विधान सँवारी,
सुभग सुमङ्गल गायें नारी।
सिंहासन अतिदिव्य सुहाया,
कह न जाय यों सुढर बनाया।
बैठे शिव विप्रों को झुककर,
हृदय सुमरकर श्रीवर रघुवर;

फिर मुनियों ने उमा बुलाई,
सजकर साथ सखी ले आई।
रूप देखते सब सुर मोहे,
बरने कवि जग की छवि छोहे।
जगदम्बिका जानकर वामा,
सर सबने पृथ्वी पर थामा।
सुन्दरता-मर्याद भवानी,
कोटि वदन भी अकथन वाणी।

छन्द—कोटियों-मुख-कहते न आई जगन्मयि-शोमा महा,
कहती दबीं शारदा, श्रुति, सुर, मन्दमतिजन की कहा।
छविखान गवनी भवानी मृदु, मध्य-मण्डप शिव जहाँ,
देखे न, अति-सङ्कोच, पति-पद-कमल मन-मधुकर वहाँ।

बृ॰दो॰—गणपति-गौरी को यथा अनुशासन पूजा प्रथम;
कोई संशय मत करे सुर अनादि महिमा अगम।

चौ॰—यों विवाह की विधि गाई है,
मुनियों ने जो करवाई है।

गहकर गिरि ने कुश, कन्याकर,
हर को अर्पित किया मन्त्र पर।
पाणि-ग्रहण जब किया उमा का,
हिली सुरों की हर्षित शाखा।
वेद-मन्त्र मुनि उच्चरते हैं,
जय जय जय सुरगण करते हैं।
बजते हैं बाजे विधि-विधि के,
सुमन-वृष्टि नभ से, गुण-निधि से।

यह हर-गिरिजा का विवाह है,
सकल भुवन पूरा उछाह है।
दासी - दास - तुरग - रथ - वाहन-
वसन-वस्तु-मणि-धेनु सुभावन।
अन्न-कनक-भोजन यानों पर,
दिया दहेज, नहीं मानो पर।

छन्द—देकर दहेज अनेक विधि कर जोड़कर हिम ने कहा,
हैं पूर्ण शङ्कर, और क्या दूँ, चरण कर गहकर रहा।
शिव कृपा-सागर ने श्वशुर-परितोष सब विधि से किया
फिर गहे मेना ने चरण, उर प्रेम-पूरण वर लिया।

दो॰—उमा नाथ प्राणों-अधिक; गृह किङ्करी-प्रदान,
छमिएगा अपराध सब; यही हमारा मान।

चौ॰—पैरों-पड़ी सास समझाई
शिव ने, वे गवनीं, गति आई।

जननी गोद उमा बैठाकर,
शिक्षा देती रहीं मधुर स्वर।
शङ्कर की पद-पूजा करना,
इसी धर्म अपना घर भरना।
लोचन-जल भरकर बोलीं फिर,
गिरिजा को लेकर उर अस्थिर,
क्यों विधि ने जग नारी सरजी,
पराधीन, सपने सुख-बरजी?
हुईं प्रेम से व्याकुल माता,
धैर्य नहीं अन्तर में आता।

फिर-फिर मिलती हैं पैरों पड़,
सबके अतिशय प्रेम गया गड़।
महिलाएँ भी मिली-मिलाईं,
गिरिजा माँ के उर लिपटाईं।

छन्द—जननी बहुर मिलकर चलीं, आसीस दी सबने सुखद,
फिर-फिर बिलोका मातृ-तनु, सखियाँ चलीं लेकर सहज।
याचक-सकल-सन्तोषकर शङ्कर उमा को ले चले,
सब अमर हरषे, सुमन बरषे; बजे नभ बाजे भले।

दो॰—चले सङ्ग हिमवन्त तब पहुँचाने अति-हेतु;
विविध भाँति परितोषकर बिदा किया वृषकेतु।

चौ॰—तुरत भवन आये गिरिराजा,
सरित-शैल-सर सब-घर-साजा।

आदर-दान-विनय बहु-मानों,
सबको बिदा किया सुख-खानों।
जब शङ्कर कैलास पधारे,
सुर-सब ने निज लोक सँवारे।
जगज्जनक-जननी हर-गिरिजा,
उनका तभी सिंगार न सिरजा।
भोग-विलास विविध करते हैं,
साथ गणों के घर बरते हैं।
हर-गिरिजा-विहार नित नूतन,
इस विधि बीते विपुलकाल-क्षण।
जना कुमार षटवदन प्रकथित,
तारक-असुर-समर-मण्डल जित।

निगमागम में हितकर माना,
षण्मुख जन्म सभी ने जाना।

छन्द—जाना षडानन-जन्म, कर्म, प्रताप, औं' पुरुषार्थ भी,
इस हेतु श्रीवृषकेतु-सुत की कथा संक्षेपों कही।
यह उमा-शम्भु-विवाह गाते हैं समझकर नर जहाँ,
कल्याण, कार्य, निबाह, मङ्गल सदा होते हैं वहाँ।

दो॰—चरित-सिन्धु गिरिजा-रमण, नहीं वेद में पार;
बरने कैसे अन्य जन अति-मतिमन्द गँवार।

चौ॰—शम्भु-चरित यह सरस सुहाया,
भरद्वाज ने अति सुख पाया।

बहुत बढ़ी लालसा कथा पर,
रोएँ खड़े हुए दृग निर्झर।
प्रेम-विवश आई न बात मुख,
हर्षित मुनि-गण ज्ञान दशा-सुख।
अहो, जन्म तव, जन्म, मुनीश्वर,
तुमको प्राणाधिक गौरीवर।
शिव-पद-कमल नहीं जिनकी रति;
नहीं स्वप्न में उनके रघुपति।
निश्छल स्नेह शिवा-पति-पद-तल;
राम-भक्त का यह लक्षण, बल।
शिव-सम कौन राम-व्रत-धारी,
सती-सदृश त्यागी वर-नारी।
पण से जिसने भक्ति दृढ़ाई,
शिव-सम कौन राम को भाई?

दो॰—पहले कहकर शिव-चरित, बूझा मर्म, सुतार,
तुम शुचि सेवक राम के, कोई नहीं विकार।

चौ॰—कैसा गुण है और शील है,
कहिए, रघुपति-पद सलील है।

आ जाने पर यहाँ तुम्हारे,
नभ में सुख के उगे सितारे।
राम-चरित अति, अमित, मुनीश्वर;
चुप रहते हैं कोटि अहीश्वर।
जैसी सुनी, यहाँ कहता हूँ,
हरि-हर-स्मरण-शरण रहता हूँ।
दयिता-दारु-कारु के स्वामी,
राम सूत्रधर अन्तर्यामी।
जन जानकर कृपा करते हैं,
वाणी अजर अमर भरते हैं।
उन्हीं कृपालु राम को प्रणमूं,
अविशदविशद विषय, स्थल बरनूँ।
परमरम्य कैलाश गिरीश्वर,
शङ्कर-उमा-वास; सुनिभृत घर।

दो॰—सिद्ध तपोधन, योगिजन, सुर, किन्नर, मुनि, वृन्द;
बसते हैं सुकृती सभी सेते हैं सुखकन्द।

चौ॰—हरि-हर-विमुख, गईं सुधर्म-रति,
उनकी स्वप्न नहीं उस स्थल गति।

उस गिरि पर वट-विटप महाच्छद,
नित्य-नवीन, सुखद-छायाप्रद;

त्रिविध समीर, तुहिन-मुकुटोज्वल
नव, नव-तर कर, कल-सर-शतदल।
एक बार हर गये विटप-तल
तरु विलोककर उमड़ा मङ्गल।
निज कर बाघाम्बर ला-डाला;
साधन ने हर को बैठाला।
कुन्द-इन्दु-दर-गौर देह है;
भुज प्रलम्ब; मुनि-नयन-स्नेह है।
तरुण-अरुण-अम्बुज-सम पदयुग,
भक्त-हृदय-तमहर नख-मणि-सुग।
भुजग-भूति-भूषण त्रिपुरेश्वर,
आनन शारद-चंद्र विभाधर।

दो॰—जटा-मुकुट सुर-सरित सिर, लोचन नलिन विशाल।
नीलकण्ठ लावण्य-निधि, सोह बाल-विधु भाल।

चौ॰—बैठे सोह काम-रिपु कैसे,
धरे शरीर शान्त-रस जैसे।

गिरिजा शुभ अवसर सँजोहकर
गईं जहाँ बैठे थे शङ्कर।
प्रिया जानकर किया समादर,
दिया शुभासन वाम-भाग वर।
बैठी शिव-समीप हरषाकर,
पूर्व-जन्म-स्मृति चढ़ी चित्त पर।
पति-हिय-हेतु अधिक बिचारकर
हँसकर बोलीं उमा मधुरतर।

कथा विश्व-मानव-हितकारी
पूछ रही है शैल-कुमारी।
विश्व-नाथ, हे त्रिपुर-प्रहारी,
त्रिभुवन महिमा विदित तुम्हारी।
सकल चराचर, देव, नाग, नर,
सभी चरण-पङ्कज-सेवापर।

दो॰—प्रभु समर्थ, सर्वज्ञ, शिव, सकल-कला-गुण-धाम,
योग-ज्ञान-वैराग्य-निधि, प्रणत-कल्प-तरु नाम।

चौ॰—यदि, सुख-राशि, सुमुख दासी पर,
अपनाया दृढ़तर गहकर कर,

तो मेरा अज्ञान हरो, प्रभु,
कहकर कथा विधान-मान-बहु।
सुरतरु-तल जो जन रहता है,
वह दारिद्र्य-दुःख सहता है?
शशि-भूषण, यह हृदय सोचकर,
करो सुखी मति-भ्रम बिमोचकर।
जो मुनिजन परमार्थ-वाद पर,
कहते हैं, अनादि हरि दुस्तरं।
शेष, शारदा, श्रुति-पुराण-गण,
करते हैं रघुपति-गुण-कीर्तन।
तुम भी राम-राम रातों दिन
जपते हो सिर पर रख कर तिन;
राम अवध-नृप के हैं सुत वे,
या निर्गुण, निर्मद, अच्युत वे?

दो॰—नृप-सुत कैसे ब्रह्म हैं, नारी-विरह-विभोर,
भ्रमित चरित से खुल गया मेरी मति का छोर।

चौ॰—यदि अनीह, व्यापक, विभु, सत्तम,
कहो बुझाकर मुझे मनोरम।
अज्ञ जानकर करो न उर रिस,
मिटे मोह जिससे हो वह दिश।
जो महिमा वन मुझे दिखाई,
अति-भय-विकल न तुम्हें सुनाई।
हुआ मलिन मन, बोध न आया,
मैंने भली भाँति फल पाया।
अब भी कुछ संशय मेरे मन,
दूर करो सत्वर जीवन-धन।
प्रभु, बहु भाँति प्रबोधा तुमने,
उत्तम जीवन शोधा तुमने।
तब का ऐसा मोह नहीं मन,
राम-कथा पर रुचि आजीवन।
कहो रुचिर रघुपति-गुण-गाथा,
गौरी ने नाया पद माथा।

बृ॰दो॰—बन्दूँ पदयुग नत-नयन, विनय करूँ कर जोड़कर,
बरनो रघुवर-विशद-यश श्रुति-सिद्धान्त निचोड़कर।

चौ॰—योषित को अधिकार नहीं है,
दासी जो मन-वचन रही है;
साधु तत्व, पर, नहीं दुराते,
जब उत्तम अधिकार पाते!

आर्ति बहुत, पूछूँ सुर-नायक,
रघुपति-कथा कहो सुख-दायक।
कारण कौन, कहो, व्रतचारी
निर्गुण ब्रह्म सगुण-वपुधारी?
कहिए, ज्यों रामावतार है,
बाल-चरित फिर जो उदार है;
फिर जैसे जानकी बिवाही,
राज तजा, कुल-कान निबाही;
वन जो चरित अपार किये हैं,
रावण-सुरगण मरे जिये हैं;
बैठे ज्यों सलील आसन पर
कहो सभी सुखशील गुणाकर।

दो॰—पुनः कहो, करुणायतन, अति-मानव-कृति राम;
प्रजा-सहित कैसे गये, अपने सुखमय धाम।

चौ॰—फिर प्रभु, कहो तत्व समझाकर
जिस विज्ञान मग्न ज्ञानीवर।
भक्ति ज्ञान-विज्ञान-विरागों,
कहो समस्त सुचारु विभागों।
राम-चरित्र अनेक और हैं,
कहो, विशेष-विवेक-पौर हैं।
जो, तुमसे पूछते, रहा है,
समझाओ उसको भी, क्या है।
तुम त्रिभुवन के गुरु, कहते हैं,
पामर इतर जीव बहते हैं।

प्रश्न उमा के सहज सुहाये,
छल-विहीन, शिव के मन भाये।
हर-उर राम-चरित सब आये,
प्रेम-पुलक लोचन-जल छाये।
श्री-रघुनाथ-रूप दृग आया,
परमानन्द, अमित सुख पाया।

वृ॰दो॰—मग्न ध्यान-रस दण्डयुग, फिर मनको बाहर किया,
रघुपति-चरित महेश ने कहने का अवसर लिया।

चौ॰—सत्य झूठ ही है अनजाने,
रज्जु भुजङ्ग विना पहचाने।
जिसके ज्ञान विश्व खोता है,
स्वप्न जागरण भी होता है;
बन्दूँ बाल-रूप वे रघुवर,
सुलभ सिद्धि, जपते, दिशि दिशि पर।
मङ्गल-भवन अमङ्गलहारी
बिहरें दशरथ-अजिर-विहारी।
त्रिपुरारि ने राम को झुककर
कहा बिहसकर सुधा-मधुर-स्वर;
धन्य, धन्य, गिरिराज-कुमारी,
नहीं अन्य कोई उपकारी;
रघुपति-कथा-प्रसङ्ग पूछकर
जगपावन गङ्गा लाईं हर।
रघुपति-चरण तुम्हारी रति है,
जग-हित-हेतु प्रश्न की गति है।

बृ॰दो॰—राम-कृपा से स्वप्न में, शोक, मोह, सन्देह, भ्रम,
मेरे जान नहीं रहा, चित्त तुम्हारा विमलतम।

चौ॰—फिर भी वैसी ही शङ्का की,
कहते सुनते जगहितकारी।
जिसने नहीं प्रसङ्ग सुना है,
श्रवण-रन्ध्र अहि-भवन गुना है।
आँखों-देखा नहीं साधुजन,
लोचन मोर-पङ्ख आलेखन।
वे सिर कटु तूंबीसम तोले,
नमकर हरि-गुरु-पद-रज धो ले।
जो हरि-भक्ति हृदय न ला सके,
जीते मुर्दे होकर दबके।
जो जन गाते नहीं राम-गुण,
दादुर-जीभ-समान जीभ, सुन।
कुलिश-कठोर निठुर वह छाती,
सुनकर चरित नहीं हरषाती।
गिरिजा, सुनो राम की लीला,
सुर-हित, दनुज-विमोहन-शीला।

दो॰—राम-कथा सुर-धेनु-सम, सेते सब-दुख-हान,
सत्समाज सुर-लोक है, कौन न लाये कान।

चौ॰—रामकथा सुन्दर-कर-ताली,
संशय-विहग उड़ानेवाली।
राम-कथा कलि-विटप-कुठारी,
सादर सुन, गिरिराज-कुमारी।

राम-नाम-गुण-चरित सुहाये,
जन्म-कर्म बहु श्रुति ने गाये।
यथा राम भगवान असंशय,
तथा कथा नाना-गुण-सञ्चय।
फिर भी जैसी श्रुत, निज मति से
कथा कहूँगा संयत गति से।
उमा प्रश्न तव सहज सुहाया,
सुखद, साधु-सम्मत, अति भाया।
एक बात मुझको न सुहाई,
यद्यपि मोह-प्रमाद सुनाई।
यह जो कहा, राम कोई पर,
श्रुति गुण गायें, ध्यायें मुनिवर;

दो॰—कहें सुनें यों अधम नर ग्रसे विमोह-पिशाच,
पाखण्डी हरि-पद-विमुख जाने झूठ-न-साँच।

चौ॰—अज्ञ, अकोविद, अन्धं, अभागी,
काई विषय-मुकुर-मन लागी।
लम्पट, कपटी, कुटिल, विशेषी,
सन्त-सभा न स्वप्न में देखी।
वेद-असङ्गत वाणी कहते,
हानि लाभ को समझे रहते।
मुकुर-मलिन-मन, नयन-हीन हैं
राम-रूप के लिए, दीन हैं;
जिनका अगुण-सगुण विवेक हत,
जल्पें, कल्पें बच अनेक-शत।

हरि-माया-वश भ्रमें विकुण्ठित,
कुछ भी कहें, उन्हें वह अघटित।
वातुल भूत-विवश मतवाले,
नहीं बोलते वचन सँभाले।
महा-मोद-मद-पान किया है,
उनके कहे न कान दिया है।

सो०—बसें हृदय दनुजारि, तज संशय, भज राम-पद,
सुन गिरि-राज-कुमारि, भ्रम-तम-रवि-कर वचन मम।

चौ०—अगुण-सगुण में भेद न पाया,
श्रुति पुराण मुनियों ने गाया।
अगुण, अरूप, अलख, अज, जोहा,
भक्त-प्रेम-वश गुणमय सोहा।
जो गुण-रहित सगुण वह कैसे,
जल-हिम-उपल, नहीं बल जैसे।
तिमिर-पतंग नाम जिसका है,
मोह-प्रसंग नहीं उसका है।
राम सच्चिदानन्द दिनेश्वर,
मोह-निशा-लव नहीं वहाँ पर।
सहज प्रकाश-रूप जगदीश्वर,
वे केवल विज्ञान-प्रभाकर।
ज्ञानाज्ञान विषाद-हर्ष जो,
धर्म-जीव सम्मान-मर्ष हो,
राम ब्रह्म व्यापक; जग जानें,
परमानन्द, परेश; बखानें।

दो॰—पुरुष प्रसिद्ध, प्रकाश-निधि, प्रकट-परावर नाथ,
रघुकुल-मणि मेरे सभी, कहकर नाया माथ।

चौ॰—निज श्रम कहेंगे न अज्ञानी,
प्रभु पर मोह धरेंगे प्राणी।

यथा गगन-घन-पटल देखकर,
झांपा भानु, कहें अविकच नर।
चितये लोचन अङ्गुलि लाये,
प्रगट युगल शशि उसके भाये।
मोह राम-विषयक ऐसा है,
नभ-तम-धूल-धूम जैसा है।
विषय, करण, सुर, गण-समेत जो,
सकल एक से इक सूचित हो।
सबका परम-प्रकाशक जो है,
राम अनादि अवधपति वो है।
जगत्प्रकाश्य प्रकाशक रघुवर,
मायाधीश, ज्ञान-गुण ईश्वर।
इसी सत्यता से जड़ माया
विश्व-भास है, मोह सुहाया।

बृ॰दो॰—रजत-सीप में भानु-सम वारि विभासित है यथा,
यद्यपि मृषा त्रिकाल वह, टला नहीं भ्रम सर्वथा।

चौ॰—यों हरि से आश्रित है यह जग,
यद्यपि है असत्य दुःखप्रद।

जैसे सपने सिर काटे, तो
विना जगे वह दुख दूर न हो,

जिनकी कृपा मिटे ऐसा भ्रम,

गिरिजा, वही कृपालु मनोरम।

आदि-न-अन्त किसी ने पाया,

मति-अनुमान निगम ने गाया।

विना-चरण-गति, विना-कान-श्रुति,

कर्म बिना-कर करता है द्रुति।

आनन-रहित सकल-रस-भोगी,

वक्ता वाणी विना, सुयोगी।

स्पर्श विना-तन, दर्शन अनयन,

विना घ्राण के वास-विशेषण।

यों सव भाँति अलौकिक करनी,

महिमा उनकी गई न बरनी।

दो॰—जिसको गायें वेद-बुध धरें महामुनि ध्यान,

दशरथ-सुत वे भक्त-हित कोशल-पति भगवान।

चौ॰—काशी मरते जीव देखकर,

जिस प्रभाव मैं शोक रहा हर,

प्रभु हैं वही चराचर-स्वामी,

रघुवर, सब उर अन्तर्यामी।

जिनका नाम, विवश जब, लेकर

भव-वारिधि गोपद तरते नर,

वही राम परमार्थ भवानी,

वहाँ विकार नहीं, हित-वाणी।

जो नर संशय उर लाते हैं,

ज्ञान-धर्म कुल दुर जाते हैं।

शिव की स्मृति भव-भञ्जन-वचना,
मिटी अमित कुतर्क की रचना,
रघुपति-प्रीति नहीं उर रीती,
दारुण असम्भावना बीती।

दो॰—फिर-फिर प्रभु के पद-कमल गहकर पङ्कज-पाणि,
बोलीं गिरिजा वचन-वर स्नेह-सुरस अग्लानि।।

चौ॰—सुनकर शशिकर गिरा तुम्हारी,
मिटा मोह शरदातप भारी।

कुल संशय मेटकर बड़े हो,
राम-रूप तुम जान पड़े हो।
नाथ-कृपा मैं गत-विषाद हूँ,
सुखी और पद-तल प्रसाद हूँ।
अब मुझको किङ्करी जानकर,
जब भी जड़ नारी, त्रिपुरेश्वर,
पहले जो पूछा, वह कहिए,
मुझ पर चिर-प्रसन्न-उर रहिए।
राम ब्रह्म चिन्मय अविनाशी,
सर्व-रहित, सब-उर-पुर-वासी।
नाथ, लिया नर-तनु किस कारण,
कहिए समझाकर भववारण।
वचन उमा के सुनकर सविनय,
राम-कथा पर प्रीति पराशय,

दो॰—हिय हरषे कामारि तब, शङ्कर सहज सुजान,
बहुविध शंसा की, पुनः बोले कृपा-निधान।

सो॰— सुन शुभ कथा भवानि, राम-चरित-मानस विमल,
कही काक ने, ज्ञानि सुनी विहगपति गरुड़ ने।
वह सम्वाद उदार जैसा है, कुल कहूँगा,
सुखद राम-अवतार, चरित परम-सुन्दर अनघ।
हरि-गुण नाम अपार, कथा-रूप अगणित अमित,
मैं निज-मति-अनुसार कहूँ, उमा, सादर सुनो।

तुलसीदास

(1)

भारत के नभ का प्रभापूर्य
शीतलच्छाय सांस्कृतिक सूर्य
अस्तमित आज रे—तमस्तूर्य दिङ्मण्डल;
उर के आसन पर शिरस्त्राण
शासन करते हैं मुसलमान;
है ऊर्मिल जल, निश्चलत्प्राण पर शतदल।

(2)

शत-शत अब्दों का सान्ध्य काल
यह आकुंचित भ्रू कुटिल-भाल
छाया अम्बर पर जलद-जाल ज्यों दुस्तर;
आया पहले पंजाब प्रान्त,
कोशल-बिहार तदनन्त क्रान्त,
क्रमशः प्रदेश सब हुए भ्रान्त, घिर-घिरकर।

(3)

मोगल-दल बल के जलद-यान,
दर्पित-पद उन्मद-नद पठान
है बहा रहे दिग्देशज्ञान, शर-खरतर,

छाया ऊपर घन-अन्धकार—
टूटता वज्र दह दुर्निवार,
नीचे प्लावन की प्रलय-धार, ध्वनि हर-हर।

(4)

रिपु के समक्ष जो था प्रचण्ड
आतप ज्यों तम पर करोद्दण्ड;
निश्चल अब वही बुन्देलखण्ड, आभा गत,
निःशेष सुरभि, कुरबक-समान
संलग्न वृन्त पर, चिन्त्य प्राण,
बीता उत्सव ज्यों, चिह्न म्लान; छाया श्लथ।

(5)

वीरों का गढ़, वह कालिंजर,
सिंहों के लिए आज पिंजर;
नर हैं भीतर, बाहर किन्नर-गण गाते;
पीकर ज्यों प्राणों का आसव
देखा असुरों ने दैहिक दव,
बन्धन में फँस आत्मा-बांधव दुख पाते।

(6)

लड़-लड़ जो रण बाँकुरे समर
हो शयित देश की पृथ्वी पर,
अक्षर, निर्जर, दुर्धर्ष, अमर, जगतारण
भारत के उर के राजपूत,
उड़ गए आज वे देवदूत,
जो रहे शेष, नृपवेश सूत—बन्दीगण।

(7)

यों, मोगल-पद-तल प्रथम तूर्ण
सम्बद्ध देश-बल चूर्ण-चूर्ण;
इसलाम-कलाओं से प्रपूर्ण जन–जनपद;
संचित जीवन की क्षिप्रधार,
इसलाम - सागराभिमुखऽपार,
बहतीं नदियाँ, नद; जन-जन हार वशवद।

(8)

अब, धौत धरा, खिल गया गगन,
उर-उर को मधुर, तापप्रशमन
बहती समीर, चिर-आलिंगन ज्यों उन्मन।
झरते हैं शशधर से क्षण-क्षण
पृथ्वी के अधरों पर निःस्वन
ज्योतिर्मय प्राणों के चुम्बन, संजीवन!

(9)

भूला दुख, अब सुख-स्वरित जाल
फैला—यह केवल-कल्प काल—
कामिनी कुमुद-कर-कलित ताल पर चलता;
प्राणों की छवि मृदु-मन्द-स्पन्द,
लघु-गति, नियमित-पद, ललित-छन्द;
होगा कोई, जो निरानन्द, कर मलता।

(10)

सोचता कहाँ रे, किधर कूल
बहता तरंग का प्रमुद फूल?
यों इस प्रवाह में देश मूल खो बहता;
'छल-छल-छल' कहता यद्यपि जल,
वह मन्त्र मुग्ध सुनता 'कल-कल';
निष्क्रिय; शोभा-प्रिय कूलोपल ज्यों रहता।

(11)

पड़ते हैं जो दिल्ली-पथ पर
यमुना के तट के श्रेष्ठ नगर,
वे हैं समृद्धि की दूर-प्रसर माया में;
यह एक उन्हीं में राजापुर,
है पूर्ण, कुशल, व्यवसाय-प्रचुर,
ज्योतिश्चुम्बिनी कलश-मधु-उर छाया में।

(12)

युवकों में प्रमुख रत्न-चेतन
समधीत-शास्त्र-काव्यालोचन
जो, तुलसीदास, वही ब्राह्मण-कुल-दीपक;
आयत-दृग, पुष्ट-देह, गत-भय,
अपने प्रकाश में निःसंशय
प्रतिभा का मन्द-स्मित परिचय, संस्मारक।

(13)

नीली उस यमुना के तट पर
राजापुर का नागरिक मुखर
क्रीड़ितवय-विद्याध्ययनान्तर है संस्थित;
प्रियजन को जीवन चारु, चपल
जल की शोभा का-सा उत्पल,
सौरभोत्कलित अम्बर-तल, स्थल-स्थल, दिक-दिक।

(14)

एक दिन, सखागण संग, पास,
चल चित्रकूटगिरि, सहोच्छ्वास,
देखा पावन वन, नव प्रकाश मन आया;
वह भाषा-छिपती छवि सुन्दर
कुछ खुलती आभा में रँगकर,
वह भाव कुरल-कुहरे-सा भरकर भाया।

(15)

केवल विस्मित मन, चिन्त्य नयन;
परिचित कुछ, भूला ज्यों प्रियजन—
ज्यों दूर दृष्टि की धूमिल-तन तट-रेखा,
हो मध्य तरंगाकुल सागर,
निःशब्द स्वप्नसंस्कारागर;
जल में अस्फुट छवि छायाधर, यों देखा।

(16)

तरु-तरु वीरुध्-वीरुध् तृण-तृण
जाने क्या हँसते मसृण-मसृण,
जैसे प्राणों से हुए उऋण, कुछ लखकर;
भर लेने को उर में, अथाह,
बाहों में फैलाया उछाह;
गिनते थे दिन, अब सफल-चाह पल रखकर।

(17)

कहता प्रति जड़, "जंगम-जीवन!
भूले थे अब तक बन्धु, प्रमन?
यह हताश्वास मन भार श्वास भर बहता;
तुम रहे छोड़ गृह मेरे कवि,
देखो यह धूलि-धूसरित छवि,
छाया इस पर केवल जड़ रवि खर दहता।

(18)

"हनती आँखों की ज्वाला चल,
पाषाण-खण्ड रहता जल-जल,
ऋतु सभी प्रबलतर बदल-बदलकर आते;
वर्षा में पंक-प्रवाहित सरि,
है शीर्ण-काय-कारण हिम अरि;
केवल दुख देकर उदरम्भरि जन जाते।

(19)

"फिर असुरों से होती क्षण-क्षण
स्मृति की पृथ्वी यह, दलित-चरण;
वे सुप्त भाव, गुप्ताभूषण अब हैं सब;
इस जग के मग के मुक्त प्राण!
गाओ—विहंग!—सद्ध्वनित गान,
त्यागोज्जीवित, वह ऊर्ध्व ध्यान, धारा-स्तव।

(20)

"लो चढ़ा तार—लो चढ़ा तार,
पाषाण-खण्ड ये, करो हार,
दे स्पर्श अहल्योद्धार-सार उस जग का;
अन्यथा यहाँ क्या? अन्धकार,
बन्धुर पथ, पंकिल सरि, कगार,
झरने, झाड़ी, कंटक; विहार पशु-खग का!

(21)

"अब स्मर के शर-केशर से झर
रँगती रज-रज पृथ्वी, अम्बर;
छाया उससे प्रतिमानस-सर शोभाकर;
छिप रहे उसी से वे प्रियतम
छवि के निश्छल देवता परम;
जागरणोपम यह सुप्ति-विरम भ्रम, भ्रम भर।

(22)

बहकर समीर ज्यों पुष्पाकुल
वन को कर जाती है व्याकुल,
हो गया चित्त कवि का त्यों तुलकर उन्मन;
वह उस शाखा का वन-विहंग
उड़ गया मुक्त नभ निस्तरंग
छोड़ता रंग पर रंग-रंग पर जीवन।

(23)

दूर, दूरतर, दूरतम, शेष
कर रहा पार मन नभोदेश,
सजता सुवेश, फिर-फिर सुवेश जीवन पर,
छोड़ता रंग, फिर-फिर सँवार
उड़ती तरंग ऊपर अपार
सन्ध्या ज्योतिः ज्यों सुविस्तार अम्बर तर।

(24)

उस मानस ऊर्ध्व देश में भी
ज्यों राहु-ग्रस्त आभा रवि की
देखी कवि ने छवि छाया-सी, भरती-सी—
भारत का सम्यक् देशकाल;
खिंचता जैसे तम-शेष जाल,
खींचती, वृहत् से अन्तराल करती-सी।

(25)

बँध भिन्न-भिन्न भावों के दल
क्षुद्र से क्षुद्रतर, हुए विकल;
पूजा में भी प्रतिरोध-अनल है जलता;
हो रहा भस्म अपना जीवन,
चेतना-हीन फिर भी चेतन;
अपने ही मन को यों प्रति मन है छलता।

(26)

इसने ही जैसे बार-बार
दूसरी शक्ति की की पुकार—
साकार हुआ ज्यों निराकार, जीवन में;
यह उसी शक्ति से है वलियत
चित देश-काल का सम्यक् जित,
ऋतु का प्रभाव जैसे संचित तरु-तन में!

(27)

विधि की इच्छा सर्वत्र अटल;
यह देश प्रथम ही था हत-बल
वे टूट चुके थे ठाट सकल वर्णों के;
तृष्णोद्धत, स्पर्धागत, सगर्व
क्षत्रिय रक्षा से रहित सर्व;
द्विज चाटुकार; हत इतर वर्ग पर्णों के।

(28)

चलते-फिरते पर निस्सहाय,
वे दीन, क्षीण कंकालकाय;
आशा-केवल जीवनोपाय उर-उर में;
रण के अश्वों से शस्य सकल
दलमल जाते ज्यों, दल से दल
शूद्रगण क्षुद्र-जीवन-सम्बल, पुर-पुर में।

(29)

वे शेष-श्वास, पशु, मूक-भाष,
पाते प्रहार अब हताश्वास;
सोचते कभी, आजन्म ग्रास द्विजगण के
होना ही उनका धर्म परम,
वे वर्णाधम, रे द्विज उत्तम,
वे चरण—चरण बस, वर्णाश्रम—रक्षण के।

(30)

रक्खा उन पर गुरु-भार, विषम
जो पहला पद, अब मद-विष-सम,
द्विज लोगों पर इस्लाम-क्षम वह छाया,
जो देश-काल को आवृत कर
फैली है सूक्ष्म मनोनभ पर,
देखी कवि ने समझा अब—वर, क्या माया।

(31)

इस छाया के भीतर हैं सब,
है बँधा हुआ सारा कलरव,
भूले सब इस तम का आसव पी-पीकर।
इसके भीतर रह देश-काल
हो सकेगा न रे मुक्त-भाल,
पहले का-सा उन्नत विशाल ज्योतिःसर।

(32)

दीनों की भी दुर्बल पुकार
कर सकती नहीं कदापि पार
पार्थिवैश्वर्य का अन्धकार पीड़ाकर,
जब तक कांक्षाओं के प्रहार
अपने साधन को बार-बार
होंगे भारत पर इस प्रकार तृष्णापर।

(33)

सोचा कवि ने, मानस-तरंग,
यह भारत-संस्कृति पर सभंग
फैली जो, लेती संग-संग, जन-गण को;
इस अनिल-वाह के पार प्रखर
किरणों का वह ज्योतिर्मय घर,
रविकुल-जीवन-चुम्बनकर मानस-धन जो।

(34)

है वही मुक्ति का सत्य रूप,
यह कूप-कूप भव—अन्ध कूप;
वह रंक, यहाँ जो हुआ भूप, निश्चय रे।
चाहिए उसे और भी और,
फिर साधारण को कहाँ ठौर?
जीवन के, जग के, यही तौर हैं जय के।

(35)

करना होगा यह तिमिर पार—
देखना सत्य का मिहिर-द्वार—
बहना जीवन के प्रखर ज्वार में निश्चय—
लड़ना विरोध से द्वन्द्व-समर,
रह सत्य-मार्ग पर स्थिर निर्भर—
जाना, भिन्न भी देह, निज घर निःसंशय।

(36)

कल्मषोत्सार कवि के दुर्दम
चेतनोर्मियों के प्राण प्रथम
वह रुद्ध द्वार का छाया-तम तरने को—
करने को ज्ञानोद्धत प्रहार—
तोड़ने को विषम वज्र-द्वार;
उमड़े, भारत का भ्रम अपार हरने को।

(37)

उस क्षण, उस छाया के ऊपर,
नभ-तम की-सी तारिका सुघर;
आ पड़ी, दृष्टि में, जीवन पर, सुन्दरतम
प्रेयसी, प्राणसंगिनी, नाम
शुभ रत्नावली—सरोज-दाम
वामा, इस पथ पर हुई वाम सरितोपम।

(38)

'जाते हो कहाँ?' तुले तिर्यक्
दृग, पहनाकर ज्योतिर्मय स्रक्
प्रियतम को ज्यों, बोले सम्यक् शासन से;
फिर लिए मूँद वे पल पक्ष्मल—
इन्दीवर के-से कोश विमल;
फिर हुई अदृश्य शक्ति पुष्कल उस तन से।

(39)

उस ऊँचे नभ का, गुंजनपर,
मंजुल जीवन का मन-मधुकर,
खुलती उस दृग छवि में बँधकर, सौरभ को
बैठा ही था सुख से क्षण-भर,
मुँद गए पलों के दल मृदुतर,
रह गया उसी उर के भीतर, अक्षम हो।

(40)

उसके अदृश्य होते ही रे,
उतरा वह मन धीरे-धीरे,
केशर-रज-कण अब हैं हीरे–पर्वतचय;
यह वही प्रकृति पर रूप अन्य;
जगमग-जगमग सब वेश वन्य;
सुरभित दिशि दिशि, कवि हुआ धन्य, मायाशय।

(41)

यह श्री पावन, गृहिणी उदार;
गिरि-वर उरोज, सरि पयोधार
कर वन-तरु, फैला फल निहारती देती,
सब जीवों पर है एक दृष्टि,
तृण-तृण पर उसकी सुधा-वृष्टि;
प्रेयसी, बदलती वसन सृष्टि नव लेती।

(42)

ये जिस करके रे झंकृत स्वर
गूँजते हुए इतने सुखकर,
खुलते, खोलते प्राण के स्तर भर जाते;
व्याकुल आलिंगन को, दुस्तर,
रागिनी की लहर, गिरि-वन-सर
तरती; जो ध्वनित, भाव सुन्दर कहलाते!

(43)

यों धीरे-धीरे उतर-उतर;
आया मन निज पहली स्थिति पर;
खोले दृग, वैसी ही प्रान्तर की रेखा;
विश्राम के लिए मित्र-प्रवर
बैठे थे ज्यों, बैठे पथ पर;
वह खड़ा हुआ, त्यों ही रहकर यह देखा।

(44)

फिर पंचतीर्थ को चढ़े सकल
गिरिमाला पर, हैं प्राण चपल
सन्दर्शन को, आतुर-पद चलकर पहुँचे।
फिर कोटितीर्थ देवांगनादि
लख सार्थक-श्रम हो विगत-व्याधि
नग्न-पद चले, कंटक उपाधि भी, न कुँचे।

(45)

आए हनुमद्धारा द्रुततर,
झरता झरना वीर पर प्रखर,
लखकर कवि रहा भाव में भरकर क्षण-भर;
फिर उतरे गिरि, चल किया पार
पथ-पयस्विनी सरि मृदुल धार;
स्नानान्त, भजन, भोजन, विहार, गिरि-पद पर।

(46)

कामदगिरि का कर परिक्रमण
आए जानकी-कुण्ड सब जन;
फिर स्फटिकशिला, अनसूया-वन सरि-उद्गम;
फिर भरतकूप, रह इस प्रकार,
कुछ दिन सब जन कर वन-विहार
लौटे निज-निज गृह हृदय धार छवि निरुपम।

(47)

प्रेयसी के अलक नील, व्योम;
दृग-पल कलंक; —मुख मंजु, सोम;
निःसृत प्रकाश जो, तरुण क्षोम प्रिय तन पर;
पुलकित प्रतिपल मानस-चकोर
देखता भूल दिक् उसी ओर;
कुल इच्छाओं का वही छोर जीवन-भर।

(48)

जिस शुचि प्रकाश का सौर-जगत्
रुचि-रुचि में खुला, असत् भी, सत्,
वह बँधा हुआ है एक महत् परिचय से;
अविनश्वर वही ज्ञान भीतर,
बाहर भ्रम, भ्रमरों को, भास्वर;
वह रत्नावली-सूत्रधर पर आशय से।

(49)

देखता, नवल चल दीप युगल
नयनों के, आभा के कोमल;
प्रेयसी के, प्रणय के, निस्तल विभ्रम के,
गृह की सीमा के स्वच्छभास–
भीतर के, बाहर के प्रकाश,
जीवन के, भावों के विलास, शम-दम के।

(50)

पर वही द्वन्द्व के भी कारण,
बन्ध की शृंखला के धारण,
निर्वाण के पथिक के वारण, करुणामय;
वे पलकों के उस पार, अर्थ
हो सका न, वे ऐसे समर्थ;
सारा विवाद हो गया व्यर्थ, जीवन-क्षय।

(51)

उस प्रियावरण प्रकाश में बँध,
सोचता, "सहज पड़ते पग सध;
शोभा को लिए ऊर्ध्व औ' अध घर बाहर,
यह विश्व, सूर्य, तारक-मण्डल,
दिन, पक्ष, मास, ऋतु, वर्ष चपल;
बँध गति-प्रकाश में बुद्ध सकल पूर्वापर।

(52)

“बन्ध के बिना, कह, कहाँ प्रगति?
गति-हीन जीव को कहाँ सुरति?
रतिरहित कहाँ सुख? केवल क्षति—केवल क्षति;
यह क्रम-विनाश; इससे चलकर
आता सत्वर मन निम्न उतर;
छूटता अन्त में चेतन स्तर, जाती मति।

(53)

“देखो प्रसून को वह उन्मुख!
रंग-रेणु-गन्ध भर व्याकुल-सुख,
देखता ज्योतिमुख; आया दुख-पीड़ा सह।
चटका कलि का अवरोध सदल,
वह शोधशक्ति, जो गन्धोच्छल,
खुल पड़ती पल-प्रकाश को, चल परिचय वह।

(54)

“जिस तरह गन्ध से बँधा फूल,
फैलता दूर तक भी, समूल;
अप्रतिम प्रिया से, त्यों दुकूल-प्रतिमा में
मैं बँधा एक शुचि आलिंगन,
आकृति में निराकार, चुम्बन;
युक्त भी मुक्त यों आजीवन, लघिमा में।

(55)

सोचता कौन प्रतिहत-चेतन—
वे नहीं प्रिया के नयन, नयन;
वह केवल वहाँ मीन-केतन, युवती में;
अपने वश में कर पुरुष-देश
है उड़ा रहा ध्वज-मुक्तकेश;
तरुणी-तनु आलम्बन-विशेष, पृथ्वी में?

(56)

वह ऐसी जो अनुकूल युक्ति,
जीव के भाव की नहीं मुक्ति,
वह एक भुक्ति, ज्यों मिली शुक्ति से मुक्ता;
जो ज्ञानदीप्ति, वह दूर, अजर,
विश्व के प्राण के भी ऊपर;
माया वह, जो जीव से सुघर संयुक्ता।

(57)

मृत्तिका एक कर सार-ग्रहण
खुलते रहते बहुवर्ण सुमन,
त्यों रत्नावली-हार में बँध मन चमका,
पाकर नयनों की ज्योति प्रखर,
ज्यों रविकर से श्यामल जलधर,
बहु वर्णों के भावों से भरकर दमका।

(58)

वह रत्नावली, नाम-शोभन
पति-रति में प्रतनु, अतः लोभन
अपरिचित-पुण्य अक्षय क्षोभन धन कोई;
प्रियकरालम्ब को सत्य-यष्टि;
प्रतिमा में श्रद्धा की समष्टि;
मायायन में प्रिय-शयन व्यष्टि भर सोई;—

(59)

लखती ऊषारुण, मौन, राग,
सोते पति से वह रही जाग;
प्रेम के फाग में आग त्याग की तरुणा;
प्रिय के जड़ युग कूलों को भर
बहती ज्यों स्वर्गंगा सस्वर;
नश्वरता पर अलोक-सुघर दृक्-करुणा।

(60)

धीरे-धीरे वह हुआ पार
तारा-द्युति से बँध अन्धकार;
एक दिन बिदा को बन्धु द्वार पर आया;
लख रत्नावली खुली सहास;
अवरोध-रहित बढ़ गई पास;
बोला भाई; "हँसती उदास तू छाया—

(61)

''हो गई रतन, कितनी दुर्बल;
चिन्ता में बहन, गई तू गल?
माँ, बापूजी, भाभियाँ सकल पड़ोस की
हैं विकल देखने को सत्वर;
सहेलियाँ सब, ताने देकर;
कहती हैं, बेचा वर के कर, आ न सकी!

(62)

''तुझसे पीछे भेजी जाकर
आईं वे कई बार नैहर;
पर तुझे भेजते क्यों श्रीवरजी डरते?
हम कई बार आ-आकर घर
लौटे पाकर झूठे उत्तर;
क्यों बहन, नहीं तू सम, उन पर बल करते?

(63)

''आँसुओं भरी माँ दुख के स्वर
बोलीं, रतन से कहो जाकर,
क्या नहीं मोह कुछ माता पर अब तुमको?
जामाताजी वाली ममता
माँ से तो पाती उत्तमता।
बोले बापू, योगी रमता मैं अब तो—

(64)

“कुछ ही दिन को हूँ कूल-द्रुम;
छू लूँ पद फिर, कह देना तुम।
बोली भाभी, लाना कुंकुम-शोभा को।
फिर किया अनावश्यक प्रलाप,
जिसमें जैसी स्नेह की छाप!
पर अकथनीय करुणा-विलाप जो माँ को।

(65)

“हम बिना तुम्हारे आए घर;
गाँव की दृष्टि से गए उतर;
क्यों बहन, ब्याह हो जाने पर, घर पहला
केवल कहने को है नैहर?–
दे सकता नहीं स्नेह-आदर?–
पूजे पद, हम इसलिए अपर?” उर दहला

(66)

उस प्रतिमा का, आया तब खुल
मर्यादागर्भित धर्म विपुल,
धुल अश्रु-धार से हुई अतुल छवि पावन,
वह घेर-घेर निस्सीम गगन
उमड़े भावों के घन पर घन,
फैला, ढक सघन स्नेह-उपवन, यह सावन।

(67)

बोली वह, मृदु-गम्भीर घोष,
"मैं साथ तुम्हारे, करो तोष।"
जिस पृथ्वी से निकली सदोष वह सीता,
अंक में उसी के आज लीन—
निज मर्यादा पर समासीन;
दे गई सुहृद् को स्नेह-क्षीण गत गीता।

(68)

बोला भाई, "तो चलो अभी,
अन्यथा, न होंगे सफल कभी
हम, उनके आ जाने पर, जी यह कहता।
जब लौटें वह, हम करें पार
राजापुर के ये मार्ग, द्वार।"
चल दी प्रतिमा। घर अन्धकार अब बहता।

(69)

लेते सौदा जब खड़े हाट,
तुलसी के मन आया उचाट;
सोचा, अबके किस घाट उतारें इनको;
जब देखो, तब द्वार पर खड़े,
उधार लाए हम, चल बड़े!
दे दिया दान तो अड़े पड़े अब किनको?

(70)

सामग्री ले लौटे जब घर,
देखा नीलम-सोपानों पर
नभ के, चढ़ती आभा सुन्दर पग धर-धर;
श्वेत, श्याम, रक्त, पराग-पीत,
अपने सुख से ज्यों सुमन भीत;
गाती यमुना नृत्यपर, गीत कल-कल स्वर।

(71)

देखा, वह नहीं प्रिया, जीवन;
नत नयन-भवन, विषण्ण आँगन;
आवरण शून्य वे बिना वरण-मधुरा के
अपहृत-श्री, सुख-स्नेह का सद्म;
निःसुरभि, हंत, हेमन्त-पद्म!
नैतिक-नीरस, निष्प्रीति, छद्म ज्यों, पाते।

(72)

यह नहीं आज गृह, छाया-उर,
गीति से प्रिया की मुखर, मधुर;
गति-नृत्य, तालशिंजित-नूपुर, चरणारुण;
व्यंजित नयनों का भाव सघन
भर रंजित जो करता क्षण-क्षण;
कहता कोई मन से, उन्मन, सुन रे, सुन।

(73)

वह आज हो गई दूर तान,
इसलिए मधुर वह और गान,
सुनने को व्याकुल हुए प्राण प्रियतम के;
छूटा जग का व्यवहार-ज्ञान,
पग उठे उसी मग को अजान,
कुल-मान-ध्यान श्लथ स्नेह-दान-सक्षम से।

(74)

मग में पिक-कुहरित डाल-डाल,
हैं हरित विटप सब सुमन-माल,
हिलतीं लतिकाएँ ताल-ताल पर सस्मित।
पड़ता उन पर ज्योतिः प्रपात,
हैं चमक रहे सब कनक-गात,
बहती मधु-धीर समीर ज्ञात, आलिंगित।

(75)

धूसरित बाल-दल, पुण्य-रेणु,
लख चारण-वारण-चपल धेनु,
आ गई याद उस मधुर-वेणु-वादन की;
वह यमुना तट, वह वृन्दावन,
चपलानन्दित यह सघन गगन;
गोपी-जन-यौवन-मोहन-तन वह वन-श्री।

(76)

सुनते सुख की वंशी के सुर,
पहुँचे रत्नधर रमा के पुर;
लख सादर, उठी समाज श्वसुर-परिजन की;
बैठाला देकर मान-पान;
कुछ जन बतलाए कान-कान;
सुन बोली भाभी, यह पहचान रतन की।

(77)

जल गए व्यंग्य से सकल अंग,
चमकी चल-दृग ज्वाला-तरंग,
पर रही मौन धर अप्रसंग वह बाला;
पति की इस मति-गति से मरकर,
उर की उर में ज्यों, ताप-क्षर,
रह गई सुरभि की म्लान-अधर वर-माला।

(78)

बोली मन में होकर अक्षम,
रक्खो, मर्यादा पुरुषोत्तम!
लाज का आज भूषण, अक्लम, नारी का;
खींचता छोर, यह कौन और
पैठा उनमें जो अधर चौर?
खुलता अब अंचल, नाथ, पौर साड़ी का!

(79)

कुछ काल रहा यों स्तब्ध भवन,
ज्यों आँधी के उठने का क्षण;
प्रिय श्रीवरजी को जिवाँ शयन करने को
ले चली साथ भावज हरती
निज प्रियालाप से वश करती,
वह मधु-शीकर निर्झर झरती झरने को।

(80)

जेंए फिर चल गृह के सब जन,
फिर लौटे निज-निज कक्ष शयन;
प्रिय-नयनों में बँध प्रिया-नयन चयनोत्कल
पलकों से स्फारित, स्फुरित-राग
सुनहला भरे पहला सुहाग,
रग-रग से रंग रे रहे जाग स्वप्नोत्पल।

(81)

कवि-रुचि में घिर छलकता रुचिर,
जो, न था भाव वह छवि का स्थिर—
बहती उलटी ही आज रुधिर-धारा वह,
लख लख प्रियतम-मुख पूर्ण-इन्दु
लहराया जो उर मधुर सिन्धु,
विपरीत, ज्वार, जल-बिन्दु-बिन्दु द्वारा वह।

(82)

अस्तु रे, विवश, मारुत-प्रेरित,
पर्वत-समीप आकर ज्यों स्थित
घन-नीलालका दामिनी जित ललना वह;
उन्मुक्त-गुच्छ चक्रांक-पुच्छ,
लख नर्तित कवि-शिखि-मन समुच्च
वह जीवन की समझा न तुच्छ छलना वह!

(83)

बिखरी छूटीं शफरी-अलकें,
निष्पात नयन-नीरज पलकें,
भावातुर पृथु उर की छलकें उपशमिता,
निःसम्बल केवल ध्यान-मग्न,
जागी योगिनी अरूप-लग्न,
वह खड़ी शीर्ण प्रिय-भाव-मग्न निरुपमिता।

(84)

कुछ समय अनन्तर, स्थित रहकर,
स्वर्गीयाभा वह स्वरित प्रखर
स्वर में झर-झर जीवन भरकर ज्यों बोली;
अचपल ध्वनि की चमकी चपला,
बल की महिमा बोली अबला,
जागी जल पर कमला, अमला मति डोली—

(85)

"धिक! धाये तुम यों अनाहूत,
धो दिया श्रेष्ठ कुल-धर्म धूत,
राम के नहीं, काम के सूत कहलाए!
हो बिके जहाँ तुम बिना दाम,
वह नहीं और कुछ—हाड़, चाम!
कैसी शिक्षा, कैसे विराम पर आए!"

(86)

जागा, जागा संस्कार प्रबल,
रे गया काम तत्क्षण वह जल,
देखा, वामा, वह न थी, अनल-प्रतिमा वह;
इस ओर ज्ञान, उस ओर ज्ञान,
हो गया भस्म वह प्रथम भान,
छूटा जग का जो रहा ध्यान, जड़िमा वह।

(87)

देखा शारदा नील-वसना
हैं सम्मुख स्वयं सृष्टि-रशना,
जीवन-समीर-शुचि-निःश्वसना, वरदात्री,
वाणी वह स्वयं सुवादित स्वर
फूटी तर अमृताक्षर-निर्झर,
यह विश्व हंस, है चरण सुघर जिस पर श्री।

(88)

दृष्टि से भारती से बँधकर
कवि उठता हुआ चला ऊपर;
केवल अम्बर–केवल अम्बर फिर देखा;
धूमायमान वह घूर्ण्य प्रसर
धूसर समुद्र शशि-ताराहर,
सूझता नहीं क्या ऊर्ध्व, अधर, क्षर रेखा।

(89)

चमकी तब तक तारा नवीन,
द्युति-नील-नील, जिसमें विलीन
सो गई भारती, रूप-क्षीण महिमा अब;
आभा भी क्रमशः हुई मन्द,
निस्तब्ध व्योम–गति-रहित छन्द;
आनन्द रहा, मिट गए द्वन्द्व, बन्धन सब।

(90)

थे मुँदे नयन, ज्ञानोन्मीलित,
कलि में सौरभज्यों, चित में स्थित;
अपनी असीमता में अवसित प्राणाशय;
जिस कलिका में कवि रहा बन्द,
वह आज उसी में खुली मन्द,
भारती रूप में सुरभि-छन्द निष्प्रश्रय।

(91)

जब आया फिर देहात्मबोध,
बाहर चलने का हुआ शोध,
रह निर्विरोध, गति हुई रोध-प्रतिकूला,
खोलती मृदुल दल बन्द सकल
गुदगुदा विपुल धारा अविचल
बह चली सुरभि की ज्यों उत्कल, निःशूला—

(92)

बाजीं बहती लहरें कलकल,
जागे भावाकुल शब्दोच्छल,
गूँजा जग का कानन-मण्डल, पर्वत-तल;
सूना उर ऋषियों का ऊना
सुनता स्वर, हो हर्षित, दूना,
आसुर भावों से जो भूना, था निश्चल।

(93)

"जागो जागो आया प्रभात,
बीती वह, बीती अन्ध रात,
झरता भर ज्योतिर्मय प्रपात पूर्वांचल;
बाँधो, बाँधो किरणें चेतन,
तेजस्वी, हे तमजिज्जीवन;
आती भारत की ज्योतिर्धन महिमाबल।

(94)

“होगा फिर से दुर्धर्ष समर
जड़ से चेतन का निशिवासर,
कवि का प्रति छवि से जीवनहर, जीवन-भर;
भारती इधर, हैं उधर सकल
जड़ जीवन के संचित कौशल;
जय, इधर ईश, हैं उधर सबल माया-कर।

(95)

“हो रहे आज जो खिन्न-खिन्न
छुट-छुटकर दल से भिन्न-भिन्न
यह अकल-कला, गह सकल छिन्न, जोड़ेगी,
रवि-कर ज्यों बिन्दु-बिन्दु जीवन
संचित कर करता है वर्षण,
लहरा भव-पादप, मर्षण-मन मोड़ेगी।

(96)

“देश-काल के शर से बिंधकर
यह जागा कवि अशेष, छविधर
इनका स्वर भर भारती मुखर होएँगी;
निश्चेतन, निज तन मिला विकल,
छलका शत-शत कल्मष के छल
बहतीं जो, वे रागिनी सकल सोएँगी।

(97)

“तम के अमार्ज्य रे तार-तार
जो, उन पर पड़ी प्रकाश-धार;
जग-वीणा के स्वर के बहार रे, जागो;
इस कर अपने कारुणिक प्राण
कर लो समक्ष देदीप्यमान—
दे गीत विश्व को रुको दान फिर माँगो।”

(98)

कुछ हुआ कहाँ, कुछ नहीं सुना,
कवि ने निज मन भाव में गुना,
साधना जगी केवल अधुना प्राणों की,
देखा सामने, मूर्ति छल-छल
नयनों में छलक रही अचपल
उपमिता न हुई समुच्च सकल तानों की।

(99)

जगमग जीवन का अन्त्य भाष—
“जो दिया मुझे तुमने प्रकाश,
अब रहा नहीं लेशावकाश रहने का
मेरा उससे गृह के भीतर;
देखूँगा नहीं कभी फिरकर,
लेता मैं, जो वर जीवन-भर बहने का।”

(100)

चल मन्दचरण आए बाहर,
उर में परिचित वह मूर्ति सुघर
जागी विश्वाश्रय महिमाधर, फिर देखा—
संकुचित, खोलती श्वेत पटल
बदली, कमला तिरती सुख-जल,
प्राची-दिगन्त-उर में पुष्कल रवि-रेखा।

(रचनाकाल : 1934 ई.। 'सुधा', मासिक, लखनऊ के फरवरी, मार्च, अप्रैल, मई और जुलाई, 1935 के अंकों में पाँच क़िस्तों में प्रकाशित)

राम की शक्ति-पूजा

रवि हुआ अस्त : ज्योति के पत्र पर लिखा अमर
रह गया राम-रावण का अपराजेय समर
आज का, तीक्ष्ण-शर-विधृत-क्षिप्र-कर वेग-प्रखर,
शतशेलसम्वरणशील, नीलनभ-गर्ज्जित-स्वर,
प्रतिपल-परिवर्तित-व्यूह—भेद-कौशल-समूह,—
राक्षस-विरुद्ध प्रत्यूह,—क्रुद्ध-कपि-विषम-हूह,
विच्छुरितवह्नि-राजीवनयन-हत-लक्ष्य-बाण,
लोहितलोचन-रावण-मदमोचन-महीयान,
राघव-लाघव—रावण-वारण—गत-युग्म-प्रहर,
उद्धत-लंकापति-मर्दित-कपि-दल-बल-विस्तर,
अनिमेष-राम—विश्वजिद्दिव्य-शर-भंग-भाव,—
विद्धांग-बद्ध-कोदण्ड-मुष्टि—खर-रुधिर-स्राव,
रावण-प्रहार दुर्वार-विकल-वानर दल-बल,—
मूर्च्छित सुग्रीवांगद-भीषण-गवाक्ष-गय-नल,
वारित-सौमित्र-भल्लपति—अगणित-मल्ल-रोध,
गर्ज्जित-प्रलयाब्धि-क्षुब्ध-हनुमत्-केवल-प्रबोध,
उद्गीरित-वह्नि-भीम-पर्वत-कपि-चतुः प्रहर,
जानकी-भीरु-उर—आशाभर—रावण सम्वर।
लौटे युग-दल। राक्षस-पदतल पृथ्वी टलमल,
बिंध महोल्लास से बार-बार आकाश विकल।

वानर-वाहिनी खिन्न, लख निज-पति-चरण-चिह्न
चल रही शिविर की ओर स्थविर-दल ज्यों विभिन्न;
प्रशमित है वातावरण; नमित-मुख सान्ध्य कमल
लक्ष्मण चिन्ता-पल, पीछे वानर-वीर सकल;
रघुनायक आगे अवनी पर नवनीत-चरण,
श्लथ धनु-गुण है कटिबन्ध स्रस्त—तूणीर-धरण,
दृढ़ जटा मुकुट हो विपर्यस्त प्रतिलट से खुल
फला पृष्ठ पर, बाहुओं पर, वक्ष पर, विपुल
उतरा ज्यों दुर्गम पर्वत पर नैशान्धकार,
चमकतीं दूर ताराएँ ज्यों हों कहीं पार।

आए सब शिविर, सानु पर पर्वत के, मन्थर,
सुग्रीव, विभीषण, जाम्बवान आदिक वानर,
सेनापति दल-विशेष के, अंगद, हनुमान
नल, नील, गवाक्ष, प्रात के रण का समाधान
करने के लिए, फेर वानर-दल आश्रय स्थल।
बैठे रघु-कुल-मणि श्वेत शिला पर; निर्मल जल
ले आए कर-पद-क्षालनार्थ पटु हनुमान;
अन्य वीर सर के गए तीर सन्ध्या-विधान—
वन्दना ईश की करने को, लौटे सत्वर,
सब घेर राम को बैठे आज्ञा को तत्पर।
पीछे लक्ष्मण, सामने विभीषण, भल्लधीर,
सुग्रीव, प्रान्त पर पाद-पद्म के महावीर;
यूथपति अन्य जो, यथास्थान, हो निर्निमेष
देखते राम का जित-सरोज-मुख-श्याम-देश।

है अमानिशा; उगलता गगन घन अन्धकार;
खो रहा दिशा का ज्ञान; स्तब्ध है पवन-चार;
अप्रतिहत गरज रहा पीछे अम्बुधि विशाल;
भूधर ज्यों ध्यान-मग्न; केवल जलती मशाल।
स्थिर राघवेन्द्र को हिला रहा फिर-फिर संशय,
रह-रह उठता जग जीवन में रावण-जय-भय;
जो नहीं हुआ आज तक हृदय रिपु-दम्य—श्रान्त,—
एक भी, अयुत-लक्ष में रहा जो दुराक्रान्त,
कल लड़ने को हो रहा विकल वह बार-बार,
असमर्थ मानता मन उद्यत हो हार-हार।
ऐसे क्षण अन्धकार घन में जैसे विद्युत
जागी पृथ्वी-तनया-कुमारिका-छवि, अच्युत
देखते हुए निष्पलक, याद आया उपवन
विदेह का,—प्रथम स्नेह का लतान्तराल मिलन
नयनों का—नयनों से गोपन—प्रिय सम्भाषण,
पलकों का नव पलकों पर प्रथमोत्थान-पतन,
काँपते हुए किसलय,—झरते पराग—समुदय,
गाते खग-नव-जीवन-परिचय,—तरु मलय-वलय,
ज्योति प्रपात स्वर्गीय,—ज्ञात छवि प्रथम स्वीय,
जानकी-नयन-कमनीय प्रथम कम्पन तुरीय।
सिहरा तन, क्षण-भर भूला मन, लहरा समस्त,
हर धनुर्भंग को पुनर्वार ज्यों उठा हस्त,
फूटी स्मिति सीता-ध्यान-लीन राम के अधर,
फिर विश्व-विजय-भावना हृदय में आई भर,
वे आए याद दिव्य शर अगणित मन्त्रपूत,—
फड़का पर नभ को उड़े सकल ज्यों देवदूत,

देखते राम, जल रहे शलभ ज्यों रजनीचर,
ताड़का, सुबाहु, विराध, शिरस्त्रय, दूषण, खर;
फिर देखी भीमा मूर्ति आज रण देखी जो
आच्छादित किए हुए सम्मुख समग्र नभ को,
ज्योतिर्मय अस्त्र सकल बुझ-बुझकर हुए क्षीण,
पा महानिलय उस तन में क्षण में हुए लीन,
लख शंकाकुल हो गए अतुल बल शेष-शयन,—
खिंच गए दृगों में सीता के राममय नयन;
फिर सुना—हँस रहा अट्टहास रावण खलखल,
भावित नयनों से सजल गिरे दो मुक्ता-दल।

बैठे मारुति देखते राम-चरणारविन्द
युग 'अस्ति-नास्ति' के एक-रूप, गुण-गण-अनिन्ध;
साधना-मध्य भी साम्य—वाम-कर दक्षिण-पद,
दक्षिण-कर-तल पर वाम चरण, कपिवर गद्गद
पा सत्य, सच्चिदानन्दरूप, विश्राम-धाम,
जपते सभक्ति अजपा विभक्त हो राम-नाम।
युग चरणों पर आ पड़े अस्तु वे अश्रु युगल,
देखा कपि ने, चमके नभ में ज्यों तारादल;
ये नहीं चरण राम के, बने श्यामा के शुभ,—
सोहते मध्य में हीरक युग या दो कौस्तुभ;
टूटा वह तार ध्यान का, स्थिर मन हुआ विकल,
सन्दिग्ध भाव की उठी दृष्टि, देखा अविकल
बैठे वे वही कमल-लोचन, पर सजल नयन,
व्याकुल-व्याकुल कुछ चिर-प्रफुल्ल मुख, निश्चेतन।
"ये अश्रु राम के" आते ही मन में विचार,

उद्वेल हो उठा शक्ति-खेल-सागर अपार,
हो श्वसित पवन-उनचास, पिता-पक्ष से तुमुल,
एकत्र वक्ष पर बहा वाष्प को उड़ा अतुल,
शत घूर्णावर्त, तरंग-भंग उठते पहाड़,
जल राशि-राशि जल पर चढ़ता खाता पछाड़
तोड़ता बन्ध–प्रतिसन्ध धरा, हो स्फीत-वक्ष
दिग्विजय-अर्थ प्रतिपल समर्थ बढ़ता समक्ष।
शत-वायु-वेग-बल, डुबा अतल में देश-भाव,
जलराशि विपुल मथ मिला अनिल में महाराव
वज्रांग तेजघन बना पवन को, महाकाश

पहुँचा, एकादशरुद्र क्षुब्ध कर अट्टहास।
रावण-महिमा श्यामा विभावरी-अन्धकार,
यह रुद्र राम-पूजन-प्रताप तेजःप्रसार;
उस ओर शक्ति शिव की जो दशस्कन्ध-पूजित,
इस ओर रुद्र-वन्दन जो रघुनन्दन-कूजित;
करने को ग्रस्त समस्त व्योम कपि बढ़ा अटल,
लख महानाश शिव अचल हुए क्षण-भर चंचल,
श्यामा के पदतल भारधरण हर मन्द्रस्वर
बोले–"सम्बरो देवि, निज तेज, नहीं वानर
यह,–नहीं हुआ शृंगार-युग्म-गत, महावीर,
अर्चना राम की मूर्तिमान अक्षय-शरीर,
चिर-ब्रह्मचर्य-रत, ये एकादश रुद्र धन्य,
मर्यादा-पुरुषोत्तम के सर्वोत्तम, अनन्य
लीलासहचर, दिव्यभावधर, इन पर प्रहार
करने पर होगी देवि, तुम्हारी विषम हार;

विद्या का ले आश्रय इस मन को दो प्रबोध,
झुक जाएगा कपि, निश्चय होगा दूर रोध।"
कह हुए मौन शिव; पवन तनय में भर विस्मय
सहसा नभ में अंजना-रूप का हुआ उदय;
बोली माता—"तुमने रवि को जब लिया निगल
तब नहीं बोध था तुम्हें, रहे बालक केवल;
यह वही भाव कर रहा तुम्हें व्याकुल रह-रह,
यह लज्जा की है बात कि माँ रहती सह-सह;
यह महाकाश, है जहाँ वास शिव का निर्मल—
पूजते जिन्हें श्रीराम, उसे ग्रसने को चल
क्या नहीं कर रहे तुम अनर्थ?—सोचो मन में;
क्या दी आज्ञा ऐसी कुछ श्रीरघुनन्दन ने?
तुम सेवक हो, छोड़कर धर्म कर रहे कार्य—
क्या असम्भाव्य हो यह राघव के लिए धार्य?"
कपि हुए नम्र, क्षण में माताछवि हुई लीन,
उतरे धीरे-धीरे, गह प्रभु-पद हुए दीन।

राम का विषण्णानन देखते हुए कुछ क्षण,
"हे सखा", विभीषण बोले, "आज प्रसन्न वदन
वह नहीं, देखकर जिसे समग्र वीर वानर—
भल्लूक विगत-श्रम हो पाते जीवन-निर्जर;
रघुवीर, तीर सब वही तूण में हैं रक्षित,
है वही वक्ष, रण-कुशल हस्त, बल वही अमित,
हैं वही सुमित्रानन्दन मेघनाद-जित-रण,
हैं वही भल्लपति, वानरेन्द्र सुग्रीव प्रमन,
तारा-कुमार भी वही महाबल श्वेत धीर,

अप्रतिभट वही एक—अर्बुद-सम, महावीर,
है वही दक्ष सेना-नायक, है वही समर,
फिर कैसे असमय हुआ उदय यह भाव प्रहर?
रघुकुल गौरव, लघु हुए जा रहे तुम इस क्षण,
तुम फेर रहे हो पीठ हो रहा जब जय रण!
कितना श्रम हुआ व्यर्थ! आया जब मिलन-समय,
तुम खींच रहे हो हस्त जानकी से निर्दय!
रावण, रावण, लम्पट, खल, कल्मष-गताचार,
जिसने हित कहते किया मुझे पाद प्रहार,
बैठा उपवन में देगा दुख सीता को फिर,—
कहता रण की जय-कथा पारिषद-दल से घिर;—
सुनता वसन्त में उपवन में कल-कूजित पिक
मैं बना किन्तु लंकापति, धिक्, राघव, धिक् धिक्!"

सब सभा रही निस्तब्ध : राम के स्तिमित नयन
छोड़ते हुए, शीतल प्रकाश देखते विमन,
जैसे ओजस्वी शब्दों का जो था प्रभाव
उससे न इन्हें कुछ चाव, न हो कोई दुराव;
ज्यों हों वे शब्द मात्र,—मैत्री की समनुरक्ति,
पर जहाँ गहन भाव के ग्रहण की नहीं शक्ति।
कुछ क्षण तक रहकर मौन सहज निज कोमल स्वर
बोले रघुमणि—"मित्रवर, विजय होगी न समर;
यह नहीं रहा नर-वानर का राक्षस से रण,
उतरीं पा महाशक्ति रावण से आमन्त्रण;
अन्याय जिधर, हैं उधर शक्ति!" कहते छल-छल
हो गए नयन, कुछ बूँद पुनः ढलके दृगजल,

रुक गया कण्ठ, चमका लक्ष्मण-तेजः प्रचण्ड,
धँस गया धरा में कपि गह युग पद मसक दण्ड,
स्थिर जाम्बवान,—समझते हुए ज्यों सकल भाव,
व्याकुल सुग्रीव,—हुआ उर में ज्यों विषम घाव,
निश्चित-सा करते हुए विभीषण कार्य-क्रम,
मौन में रहा यों स्पन्दित वातावरण विषम।

निज सहज रूप में संयत हो जानकी-प्राण
बोले—"आया न समझ में यह दैवी विधान;
रावण, अधर्मरत भी, अपना, मैं हुआ अपर—
यह रहा शक्ति का खेल समर, शंकर, शंकर!
करता मैं योजित बार-बार शर-निकर निशित
हो सकती जिनसे यह संसृति सम्पूर्ण विजित,
जो तेजःपुंज, सृष्टि की रक्षा का विचार
है जिनमें निहित पतनघातक संस्कृति अपार—
शत-शुद्धि-बोध—सूक्ष्मातिसूक्ष्म मन का विवेक,
जिनमें है क्षात्रधर्म का धृत पूर्णाभिषेक,
जो हुए प्रजापतियों से संयम से रक्षित,
वे शर हो गए आज रण में श्रीहत, खण्डित!
देखा, हैं महाशक्ति रावण को लिए अंक,
लांछन को ले जैसे शशांक नभ में अशंक;
हत मन्त्रपूत शर संवृत करतीं बार-बार,
निष्फल होते लक्ष्य पर क्षिप्र वार पर वार!
विचलित लख कपिदल, क्रुद्ध युद्ध को मैं ज्यों-ज्यों,
झक-झक झलकती वह्नि वामा के दृग त्यों-त्यों,
पश्चात्, देखने लगीं मुझे, बँध गए हस्त,

फिर खिंचा न धनु, मुक्त ज्यों बँधा मैं हुआ त्रस्त !"
कह हुए भानुकुलभूषण वहाँ मौन क्षण-भर,
बोले विश्वस्त कण्ठ से जाम्बवान–"रघुवर,
विचलित होने का नहीं देखता मैं कारण,
हे पुरुष-सिंह, तुम भी यह शक्ति करो धारण,
आराधन का दृढ़ आराधन से दो उत्तर,
तुम वरो विजय संयत प्राणों से प्राणों पर;
रावण अशुद्ध होकर भी यदि कर सका त्रस्त
तो निश्चय तुम हो सिद्ध करोगे उसे ध्वस्त,
शक्ति की करो मौलिक कल्पना, करो पूजन,
छोड़ दो समर जब तक न सिद्धि हो, रघुनन्दन !
तब तक लक्ष्मण हैं महावाहिनी के नायक
मध्य भाग में, अंगद दक्षिण-श्वेत सहायक,
मैं भल्ल-सैन्य; हैं वाम पार्श्व में हनूमान,
नल, नील और छोटे कपिगण–उनके प्रधान;
सुग्रीव, विभीषण, अन्य यूथपति यथासमय
आएँगे रक्षाहेतु जहाँ भी होगा भय।"

खिल गई सभा। "उत्तम निश्चय यह, भल्लनाथ !"
कह दिया वृद्ध को मान राम ने झुका माथ।
हो गए ध्यान में लीन पुनः करते विचार,
देखते सकल–तन पुलकित होता बार-बार।
कुछ समय अनन्तर इन्दीवर निन्दित लोचन
खुल गए, रहा निष्पलक भाव में मज्जित मन।
बोले आवेग-रहित स्वर से विश्वास-स्थित–
"मातः, दशभुजा, विश्व-ज्योतिः, मैं हूँ आश्रित;

हो विद्ध शक्ति से है खल महिषासुर मर्दित,
जनरंजन-चरण-कमल-तल, धन्य सिंह गर्जित!
यह, यह मेरा प्रतीक, मातः, समझा इंगित;
मैं सिंह, इसी भाव से करूँगा अभिनन्दित।''
कुछ समय स्तब्ध हो रहे राम छवि में निमग्न,
फिर खोले पलक कमल-ज्योतिर्दल ध्यान-लग्न;
हैं देख रहे मन्त्री, सेनापति, वीरासन
बैठे उमड़ते हुए, राघव का स्मित आनन।
बोले भावस्थ चन्द्र-मुख-निन्दित रामचन्द्र,
प्राणों में पावन कम्पन भर, स्वर मेघमन्द्र–
''देखो, बन्धुवर सामने स्थित जो यह भूधर
शोभित शत-हरित-गुल्म-तृण से श्यामल सुन्दर,
पार्वती कल्पना हैं इसकी, मकरन्द-बिन्दु;
गरजता चरण-प्रान्त पर सिंह वह, नहीं सिन्धु;
दशदिक-समस्त हैं हस्त, और देखो ऊपर,
अम्बर में हुए दिगम्बर अर्चित शशि-शेखर;
लख महाभाव-मंगल पदतल धँस रहा गर्व–
मानव के मन का असुर मन्द, हो रहा खर्व''
फिर मधुर दृष्टि से प्रिय कपि को खींचते हुए–
बोले प्रियतर स्वर से अन्तर सींचते हुए
''चाहिए हमें एक सौ आठ, कपि, इन्दीवर,
कम-से-कम अधिक और हों, अधिक और सुन्दर,
जाओ देवीदह, उषःकाल होते सत्वर,
तोड़ो, लाओ वे कमल, लौटकर लड़ो समर।''
अवगत हो जाम्बवान से पथ, दूरत्व, स्थान,
प्रभु-पद-रज सिर धर चले हर्ष भर हनूमान।

राघव ने विदा किया सबको जानकर समय,
सब चले सदय राम की सोचते हुए विजय।

निशि हुई विगतः नभ के ललाट पर प्रथम किरण
फूटी, रघुनन्दन के दृग महिमा-ज्योति-हिरण;
है नहीं शरासन आज हस्त—तूणीर स्कन्ध,
वह नहीं सोहता निविड़-जटा दृढ़ मुकुट-बन्ध;
सुन पड़ता सिंहनाद,—रण-कोलाहल अपार,
उमड़ता नहीं मन, स्तब्ध सुधी हैं ध्यान धार;
पूजोपरान्त जपते दुर्गा, दशभुजा नाम,
मन करते हुए मनन नामों के गुणग्राम;
बीता वह दिवस, हुआ मन स्थिर इष्ट के चरण,
गहन-से-गहनतर होने लगा समाराधन।
क्रम-क्रम से हुए पार राघव के पंच दिवस,
चक्र से चक्र मन चढ़ता गया ऊर्ध्व निरलस;
कर-जप पूरा कर एक चढ़ाते इन्दीवर,
निज पुरश्चरण इस भाँति रहे हैं पूरा कर।
चढ़ षष्ठ दिवस आज्ञा पर हुआ समाहित मन,
प्रति जप से खिंच-खिंच होने लगा महाकर्षण;
संचित त्रिकुटी पर ध्यान द्विदल देवी-पद पर,
जप के स्वर लगा काँपने थर-थर-थर अम्बर;
दो दिन-निष्पन्द एक आसन पर रहे राम,
अर्पित करते इन्दीवर, जपते हुए नाम;
आठवाँ दिवस, मन ध्यान-युक्त चढ़ता ऊपर
कर गया अतिक्रम ब्रह्मा-हरि-शंकर का स्तर,
हो गया विजित ब्रह्माण्ड पूर्ण, देवता स्तब्ध,

हो गए दग्ध जीवन के तप के समारब्ध,
रह गया एक इन्दीवर, मन देखता-पार
प्रायः करने को हुआ दुर्ग जो सहस्त्रार,
द्विप्रहर रात्रि, साकार हुईं दुर्गा छिपकर,
हँस उठा ले गईं पूजा का प्रिय इन्दीवर।
यह अन्तिम जप, ध्यान में देखते चरण युगल
राम ने बढ़ाया कर लेने को नील कमल;
कुछ लगा न हाथ, हुआ सहसा स्थिर मन चंचल
ध्यान की भूमि से उतरे, खोले पलक विमल,
देखा, वह रिक्त स्थान, यह जप का पूर्ण समय
आसन छोड़ना असिद्धि, भर गए नयनद्वयः—
"धिक् जीवन को जो पाता ही आया विरोध,
धिक् साधन, जिसके लिए सदा ही किया शोध!
जानकी! हाय, उद्धार प्रिया का न हो सका।"
वह एक और मन रहा राम का जो न थका;
जो नहीं जानता दैन्य, नहीं जानता विनय
कर गया भेद वह मायावरण प्राप्त कर जय,
बुद्धि के दुर्ग पहुँचा, विद्युत्-गति हतचेतन
राम में जगी स्मृति, हुए सजग पा भाव प्रमन।
''यह है उपाय'' कह उठे राम ज्यों मन्द्रित घन—
''कहती थीं माता मुझे सदा राजीवनयन!
दो नील कमल हैं शेष अभी, यह पुरश्चरण
पूरा करता हूँ देकर मातः एक नयन।''
कहकर देखा तूणीर ब्रह्मशर रहा झलक,
ले लिया हस्त, लक-लक करता वह महाफलक;
ले अस्त्र वाम कर, दक्षिण कर दक्षिण लोचन

ले अर्पित करने को उद्यत हो गए सुमन।
जिस क्षण बँध गया बेधने को दृग दृढ़ निश्चय,
काँपा ब्रह्माण्ड, हुआ देवी का त्वरित उदय—

''साधु, साधु, साधक धीर, धर्म-धन धन्य राम!''
कह लिया भगवती ने राघव का हस्त थाम।
देखा राम ने—सामने श्री दुर्गा, भास्वर
वाम पद असुर-स्कन्ध पर, रहा दक्षिण हरि पर;
ज्योतिर्मय रूप, हस्त दश विविध अस्त्र-सज्जित,
मन्द स्मित मुख, लख हुई विश्व की श्री लज्जित,
हैं दक्षिण में लक्ष्मी, सरस्वती वाम भाग,
दक्षिण गणेश, कार्तिक बायें रण-रंग राग,
मस्तक पर शंकर। पदपद्‌यों पर श्रद्धाभर
श्री राघव हुए प्रणत मन्दस्वर वन्दन कर।
''होगी जय, होगी जय, हे पुरुषोत्तम नवीन!''
कह महाशक्ति राम के वदन में हुईं लीन।

(रचनाकाल : 23 अक्तूबर, 1936। 'भारत', दैनिक, इलाहाबाद, 26 अक्तूबर, 1936 में प्रकाशित। द्वितीय 'अनामिका' में संकलित)

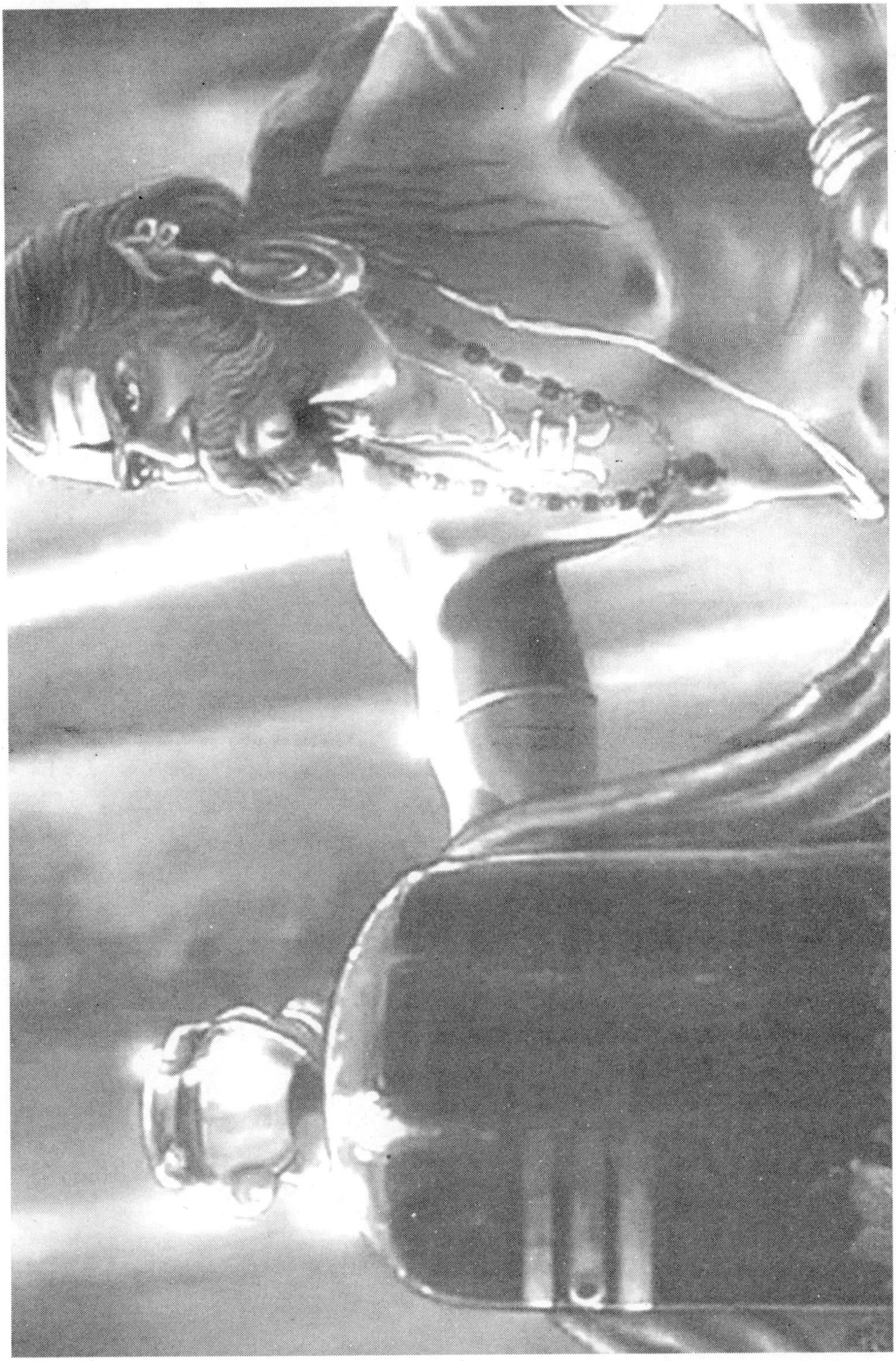

टीका

रामायण
(विनय-खण्ड)

वर्ण, अर्थ, रस, छन्द, मङ्गल आदि के कर्ता वाणी और विनायक की मैं वन्दना करता हूँ॥1॥

श्रद्धा और विश्वास के स्वरूप भवानी और शङ्कर की मैं वन्दना करता हूँ जिनके बिना सिद्ध अपने भीतर के ईश्वर को नहीं देखते॥2॥

बोधमय नित्य शङ्कररूप गुरु की मैं वन्दना करता हूँ जिनके आश्रित रहकर चन्द्र वक्र होकर भी सर्वत्र वन्दित होता है॥3॥

सीता और रामचन्द्र जी के गुणग्राम के पुण्य अरण्य में विहार करने वाले विशुद्ध-विज्ञान कवीश्वर और कपीश्वर की मैं वन्दना करता हूँ॥4॥

उद्‌भव स्थिति और संहार की करने वाली, क्लेश की हरने वाली, सब तरह की बड़ाई की देनेवाली, राम की वल्लभा सीता को मैं नमस्कार करता हूँ॥5॥

जिनकी माया से सारा संसार, ब्रह्मा आदि देव और असुर वश हैं, जिनकी सत्ता से रस्सी में साँप के भ्रम की तरह झूठ होकर भी कुल चमचमाता रहता है, जिनके पदों की एक ही रज भव-वारिधि से पार करती है उन अशेष कारणों से परे, रामनाम के ईश, हरि को मैं नमस्कार करता हूँ॥6॥

जो नाना पुराण, वेद और शास्त्रों में वर्णित है, जो रामायण में या किसी दूसरी जगह कहा गया है, उसको अपने अन्तःकरण के सुख के लिए, रघुनाथ-गाथा से, अति सुन्दर भाषानिबन्ध में, तुलसीदास सज्जित करता है॥7॥

1. स्मरण-वरण—स्मरण से सादर आवाहन (करने पर, पुकारने पर)।
2. गण-नायक—गणों, समूहों, वृत्तों, चकों, जातियों के ईश, चालक, स्वामी।
3. करिवर-वदन—हाथी के मुखवाले।

4. समृद्धि—बाढ़, सम्पन्नता।
5. मूक—गूँगे।
6. वाचाल—बोलने वाले, वाग्मी।
7. पङ्गु—लँगड़े-लूले।
8. दयाल—दया की आड़ वाले।
9. द्रवें—द्रवीभूत हों, सिक्त हों, गीले हों।
10. सकल-कलि-मल-दहन—कुल कल्मषों, पापों को जलाने वाले।
11. नील-सरोरुह-श्याम—नीले कमल की तरह साँवले।
12. तरुण-अरुण-वारिज-नयन—नये लाल कमल की तरह की आँखों वाले।
13. सदा-क्षीर-सागर-शयन—हमेशा क्षीर-समुद्र पर सोने वाले।
14. कुन्द-इन्दु-सम देह—कुन्द पुष्प और चन्द्रमा के जैसे (शुभ्र) देह वाले।
15. उमारमण—उमा से विहार करने वाले।
16. करुणा-अयन—करुणा, दया के आगार, गृह।
17. किरणोदयन—किरणों की तरह उदित होने वाले।
18. गुरु-पद-कञ्ज—गुरु के पद-कमल।
19. तम-पुञ्ज—अन्धकार-समूह।
20. वच—वचन, बातें।
21. रवि-कर-निकर—सूर्य की किरणें।
22. निकर—समूह।
23. अमिय-मूल—अमृत की जड़।
24. सित—श्वेत।
25. सकल-रोग-परिवार-भारहर—कुल रोगों की दाब दूर करने वाले, कुल रोग हटाने वाले।
26. सुकृत-शम्भु-तनु-भूति—शुभ-कार्य-रूपी शिव के शरीर की राख।
27. मञ्जुल-मङ्गल-मोद-प्रजननी—कुशल और आनन्द की देने वाली पवित्र माता।
28. जन-मन-मञ्जु-मुकुर-मल-हरणा—मनुष्य के मन के सुन्दर शीशे की कालिख को हरने वाली।
29. मणि-गण-ज्योतिःस्फुर—निकलती हुई मणियों की ज्योति की तरह।

30. मोहदलन—मन की जड़ता को नष्ट करने वाला।
31. राम-चरित-मणि-माणिक-खनि-धन—रामजी के चरित्ररूपी मणि और माणिक्य आदि की खान के धन।
32. प्रकट-रूप—आँख खोलकर।
33. यथा सुअञ्जन आंजकर साधक-सिद्ध-सुजान,
कौतुक देखें शैल-वन-भूतल भूरि-निधान॥
जैसे साधक, सिद्ध और ज्ञानी आँखों में सत्य का अञ्जन लगाकर पहाड़, वन और पृथ्वी आदि को कौतुकरूप अर्थात् असत्य, मायामय देखते हैं, वैसे ही—
34. गुरु-पद-रज मृदु-मञ्जुल अञ्जन,
नयन-अमिय दृग-दोष-विभञ्जन॥
गुरु के चरणों की धूल मधुर-कोमल अञ्जन है, आँखों का अमृत—आँखों को ठंडा और दृगों के दोषों को दूर करने वाली है।
35. जङ्गम—चलत-फिरता।
36. शय—आशय, स्थल।
37. ब्राह्मी—ब्रह्मवाली, बड़ी।
38. सारा—श्रेष्ठा, उत्तमा।
39. विधि-निषेध—नियम और निवारण।
40. गोई—छिपी।
41. वाल्मीकि, नारद, घटयोनी।
निज-निज मुखों कही निज होनी॥
आदि-कवि वाल्मीकि जिन्होंने संस्कृत में रामायण लिखी है जो भारत का पहला महाकाव्य कही जाती है, पहले रत्नाकर नाम से डाकू थे। भरद्वाज उनका डकैती का चेला था, अनुचर था। एक दिन सप्तर्षि उस रास्ते से जा रहे थे जो पहाड़ी की तलहटी से गया था। सबसे पहले चलने वाले को रत्नाकर ने पकड़ लिया। उस साधु ने कहा, "मैं निःस्व हूँ। मुझको छोड़ दो। मैं तुमको एक भेद बताता हूँ। तुम जो साधुओं को भी सताते हो दो पैसे के लिए, अपने घर चलकर पूछो, तुम्हारा खाने वाले तुम्हारे पाप के भी भागी हैं या नहीं।" रत्नाकर ने

वैसा ही किया। उसके बाप, माँ और स्त्री ने पाप लेना स्वीकार न किया। उसको ज्ञान हुआ। घर छोड़कर चल दिया और सिद्ध होकर पहला संस्कृत का कवि हुआ, वाल्मीकि नाम पड़ा। रामायण लिखा। नारद की माँ दासी थी। चौका टहल करके जीती थी। विधवा थी एक ऋषि से उसके बालक पैदा हुआ। बालक बालक ही था जब उसकी माता को काले साँप ने डसा। बालक अकेला रह गया। सेवा करते, हरि-गुण गाते वह सिद्ध हुआ। बाद को नारद कहलाया।

कुम्भज घट से पैदा हुए, इसीलिए 'घटयोनि' कहा है।

42. सुसङ्ग-भाव से—सत्सङ्ग से।

43. सिद्धि-फल-बीरुध—सिद्धि के फल की लता।

44. फणि-मणि के जैसे गुणानुसार—साँप की मणि की तरह गुण को लिये रहते हैं; वह यह कि मणि को साँप का कहर नहीं व्यापता।

45. परहित हानि लाभ जिनके हैं—दूसरे के हित की हानि जिनके (लिए) लाभ है।

46. हरि-हर-यश-राकेश—विष्णु और शङ्कर के यश का पूर्ण चन्द्र।

47. सहस-भुज—सहस्रबाहु, एक राजा जो नर्मदा के किनारे राज्य करता था और उत्पाती था, जिसके हजार हाथ थे।

48. जो गवाह लेकर पर दूषण
देखें पर-हित-घृत मक्खीमन—
जो साक्षी लेकर दूसरे का कसूर देखते हैं, दूसरे की भलाई के घी पर जिसका मन मक्खी की तरह पड़ता है।

49. रोष-महिषासुर—जिनका क्रोध महिषासुर के समान है। महिषासुर को दुर्गा ने मारा था।

50. अघ-अवगुण-धन-धनिक-हुए मुर—
पाप और दुर्गुणों के धन से धनी होने वाले मुर, (जिसकी दुश्मनी से विष्णु को मुरारि कहते हैं।)

51. उदित केतु हैं अहित के लिए—
हानि के लिए केतु की तरह उगे हुए हैं— सागरमन्थन के बाद मोहिनी

का रूप धारण करके विष्णु ने असुरों को शराब और देवताओं को अमृत बाँटा था। एक असुर राज लेने के लिए देवताओं के बीच आकर बैठा और अमृत पी लिया। भेद खुलने पर विष्णु ने चक्र से उसका सिर काटा; मगर चूँकि वह अमर हो गया था, इसलिए आज भी है। उसका सिर है राहु और धड़ है केतु। आसुर स्वभाव के कारण आज भी उसके दोनों रूप दुःख देने वाले हैं।

52. कुम्भकर्ण जैसे शयित, जिये—कुम्भकर्ण की तरह सोये तो हम जिये, या वे कुम्भकर्ण की तरह सोकर जीते हैं। कुम्भकर्ण रावण का छोटा भाई था। उसने तपस्या की। ब्रह्मा वर देने के लिए आये। देवता विकल हुए। सरस्वती देवी से कहा, माता, एक तो यह, ऐसे ही अजित है, इतना पराक्रमी, फिर अगर वर वैसा ही मिला तो हम कहीं के न रहे। सरस्वती देवी ने अभय दिया। जब ब्रह्मा वर देने के लिए गये तब सरस्वती देवी अविद्या के रूप से कुम्भकर्ण में प्रविष्ट हो गयीं। कुम्भकर्ण ने वर माँगा, हम छः महीने सोयें और एक दिन जगें। ब्रह्मा ने तथास्तु कहा।

53. अयुत—दस हजार।

54. शक्र-इन्द्र।

55. सुरानीक—सुरों, देवताओं की मण्डली, सेना, सुरा, वारुणी, शराब की मण्डली, मीन, मांस, मुद्रा, मैथुन, कामिनी आदि।

56. सहस्राक्ष परदोष-लक्ष्य-क्रिय—हजार आँखों से दूसरे के दोष देखने में क्रियाशील हैं।

57. उदासीन—उचटे हुए।

58. अरि-मित्र से जलते हैं खल-रीति—दोस्त और दुश्मन दोनों से जलते रहते हैं, यही खलों की रीति है।

59. भोर—कमी, त्रुटि।

60. पायस—खीर।

61. निरामिष—मांस न खाने वाले, शाकाहारी।

62. बायस—कौए।

63. जीवन—प्राण, पानी।

64. जलज-जोंक गुण बिलगाते हैं—कमल और जोंक अपने अलग-अलग गुण बतलाते हैं (कमल सुगन्ध देता है, जोंक रक्त चूसती है) यद्यपि एक साथ पैदा होते हैं (एक ही पानी में)।

65. कर्म हरित—जिसके कर्म हर गये हैं—कर्मनाशा—जो कर्मों को नाश कर देती है।

66. जो भाई, रुचि; जागी, सोई—जगी हो या सोई हुई, जो पसन्द आई वही रुचि है।

67. गहे अगुण खल, सज्जन गुणगण—दुर्गुण ग्रहण करने पर खल है, गुणगण ग्रहण करने पर सज्जन।

68. अवगाहन-नहाना।

69. उभय अपार-उदधि-अवगाहन—दोनों के लिए कहना चाहिए कि पता लगाने के लिए अपार और अथाह सागर में डुबकी लगाना है।

70. पोच—नीच।

71. श्रुति—वेद।

72. माहुर—विष।

73. रङ्क—कङ्गाल, निर्धन।

74. सुरसरि—'नाशों'—गङ्गा और कर्मनाशा से।

75. महि-देव—ब्राह्मण।

76. गवाशों—गो-मांस खानेवालों से।

77. निगमागम—वेदशास्त्र।

78. पय—दूध।

79. राता—रमा, लगा।

80. कर्म-बरिआई—कर्म की जबरदस्ती।

81. खल करते हैं भला सङ्ग-उर—दुष्ट जन सङ्ग-उर हृदय जुड़ने पर, साथ पाकर, भला करते हैं।

82. अभंगुर—न टूटने वाला।

83. विश्व-वञ्चक—दुनिया के ठग।

84. लोक-वेद में विदित डाभ है—अर्थात् डाभ से कुक्षासन बना सकते हैं, यह उससे निकाला भला काम है, और दूसरा उसको चुभा दे सकते हैं, यह बुरा। भले बुरे हाथों के फेर।

85. शुक-शारी—तोता, मैना।

86. मञ्जु-मसि-शिख—स्याही की सुन्दर शिखा, —एक-एक अक्षर।

87. अनिल-अनल-सङ्घात—हवा और आग के फटकारे से।

88. भेषज—दवा, वनस्पति।

89. राम-गुण-गाथ—राम के गुणों की गाथा हैं जो वे।

90. दनुज—दानव, दनु के बेटे।

91. किन्नर—किम्पुरुष।

92. तिमिरचर—निशाचर।

93. आकर—खान, प्रकार।

94. किङ्करतल—साधारण सेवक।

95. क्रूर—अहृदय, असम्वेदन।

96. हित खलहास कि काक रहा है,
कल कण्ठ को कठोर कहा है।
दुष्टों की मसखरी से हित है जो हंस की जगह कहते हैं काक, या जिन्होंने मधुर स्वर को तीव्र और कर्कश कहा है

97. धी—बुद्धि।

98. कुतरकी—बुरे तर्क, वाग्जाल में पड़ी।

99. ऋध—स, ऋ ग, म, प, ध, नि—सातों स्वर।

100. अमङ्गल के हर—अहित के नाश करने वाले।

101. विधु-वदना—चन्द्रमुखी।

102. अवसन—निर्वस्त्र।

103. अनवसित—अशेष।

104. अगुरु—अगर-चन्दन।

105. भदेस—भद्दा, मन्द।

106. पाथ—जल।

107. दारु—काठ।

108. मलय—सुगन्धित हवा।

109. सुरभि—गाय।

110. मणि-माणिक-मुक्ता-छवि जैसी, अहि-गिरि-गज-शिर रही न वैसी। जैसी

मणि, माणिक और मुक्ता की छबि है, साँप, पहाड़ और हाथी के सिर पर वैसी न रही। जहाँ उत्पति है वहाँ शोभा नहीं।

111. नृप-किरीट—राजा का मुकुट।

112. ली अपनी शोभा अधिकाकर—अपनी छबि बढ़ाकर ली।

113. छवि-भविता—सौन्दर्यमयी।

114. बिमोचकर—छोड़कर।

115. धन्धक धेरी—एक बोल है जो गाया जाता है स्वर के साथ पुनः पुनः आवृत्ति करते हुए।

116. कवयिता—कवि।

117. जित—जीती हुई।

118. चरित मायाकर—चरितों की लीला दिखाने वाले।

119. अकल—कला हीन।

120. सेतु—पुल।

121. पुङ्गव—श्रेष्ठ।

122. निरुपद्रव—विना उत्पात के, शान्त भाव से।

123. धूति-पवित्रता।

124. अन्देसा है, है अकाम भी—अन्देसा है, चिन्ता है कि कहना अच्छा नहीं हुआ। इसलिए बात न बनी, मगर साथ ही वह निष्कामता से पूर्ण है।

125. ठाट—साँचा, पूरा रूप।

126. विमलयशःसर—निर्मल कीर्ति को अनुसरण करने वाली।

127. सखर सुकोमल मञ्जु, दोष-रहित दूषण-सहित—खर (एक-राक्षस) के साथ भी अति कोमल और सुन्दर है और दूषण (यह एक राक्षस है) के साथ होकर भी दोषों से रहित है।

128. बोहित—नाव, जहाज।

129. कहते जिनको राम-यश—(यह पाठ ऐसा भी कर सकते हैं)—"कहते रघुवर-विमल यश।"

130. दिनदानी—दिन का दान करने वाले।

131. निरुपाधि—किसी प्रकार के भूषण से रहित।

132. शाबर—अभद्र, निरर्थ।

133. रासभर—आनन्दप्रद।

134. भूरि-शिव-कृपा-भात—शङ्कर जी की अत्यधिक कृपा से चमकती हुई।

135. निकेतन—गृह, स्थल।

136. सुचेतन—अधिक ज्ञान वाले।

137. प्रसाव-कृपा, दया।

138. हलूया—फैलाने योग्य।

139. भास्वर—प्रकाशवान।

140. वशम्वद—वशीभूत।

141. केतन—गृह, स्थान।

142. विमल-पताक-कीर्ति—निर्मल-पताका वाला यश।

143. सौमित्रि—सुमित्रा के पुत्र, लक्ष्मण।

144. ऋक्ष—भालू।

145. कीश—बन्दर।

146. सरोज—कमल

147. विज्ञान विशारद—विज्ञान के पारङ्गत।

148. गिरा—वाणी।

149. वीचि—लहर, तरङ्ग।

150. कृशानु—आग।

151. अनागम—अगति, निर्वेद।

152. गुण-प्रभाव-मति—गुण, प्रभाव और बुद्धि के कारण।

153. शोधकर—शुद्ध करने वाले।

154. शालि—धान।

155. सरोजनाभ—ब्रह्मा।

156. बिलगी—छूटी।

157. भक्ति नरीकल करण विभूषण।
जगहित हेतु विमल-विधु-पूषण।।
भक्ति रूपी स्त्री को सुन्दर बनाने वाले आभूषण हैं, जग के हित के लिए विमल चन्द्रमा को पालने वाले, पूषा।

158. स्वाद-तोष-सम सुगति सुधा के,
कमठ-शेष-सम धर वसुधा के।

मुक्ति के अमृत लिए स्वाद और तोष जैसे हैं, पृथ्वी को कछुए और शेषनाग की तरह धारण करने वाले।

159. जन-मन-मञ्जु-कञ्ज-मधुकर-से, जीभ-यशोमति-हरि-हलधर-से।
भक्तों के मनों के सुन्दर कमलों के भौंरों की तरह, जीभ रूपी यशोदा के कृष्ण और बलराम की तरह।

160. एक छत्र एक मुकुट मणि,
सब वर्णों पर साज।
एक छत्र की तरह (हलन्त होकर-रकार) सब वर्णों पर सज्जित है, दूसरा मुकुट के मणि की तरह।

161. बाधना—बाधा, रुकावट।

162. अपराधन—बुराई, दोष।

163. करतल सुगत—अच्छी तरह मुट्ठी में आया हुआ।

164. उभय-प्रबोधक—दोनों का बोध ज्ञान कराने वाला।

165. विरिञ्चि-प्रपञ्च-विरत-मन—
ब्रह्मा के प्रपञ्च, रचना से मुड़े मन वाले।

166. अनागम—प्रपत्ति या उत्पत्ति से रहित।

167. नाम-प्रेम-पीयूष-ह्रद—नाम के प्रेम के अमृत के सरोवर में।

168. अघुण—छोटा भी नहीं यानी छोटे से छोटा, घुणाक्षर न्याय—बाल की खाल निकालने वाले युक्ति-तर्क—उनसे भी परे, इसलिए अघुण।

169. दारुगत—लकड़ी के भीतर।

170. पावक—आग।

171. सुखज्ञापक—सुख जताने वाला।

172. नन्दन-सम—इन्द्र के उपवन की तरह, इन्द्र के उपवन का नाम नन्दन है।

173. दलित-निशाचर—राक्षस जिनसे कुचले गये वे, राक्षसों को मसलने वाले।

174. सुसेव—उत्तम सेवा करने वाले।

175. सुगति दान—उत्तम गति देने वाले।

176. निवाजे—उद्धार किये।

177. बिरद—प्रशंसा।

178. भवार्णव—भव-सागर।

179. नृपधानी—रजधानी।

180. ईशने—शिव ने।

181. सम्राजे—अच्छी तरह विराजमान हुए।

182. नर्मद—शान्ति देने वाले।

183. स्ववश-पर—अपने अधीन और श्रेष्ठ।

184. प्रभासी—ज्योति वाले।

185. नामाशय—नाम के आधार से।

186. मख—यज्ञ।

187. धृति—धारणा।

188. कालनेमि—एक राक्षस।

189. कपट-धाम—छल का आगार।

190. नर-केशरी—नरसिंह जो विष्णु के अवतार हैं और जिन्होंने प्रह्लाद को बचाया था।

191. कनककशिपु—हिरण्यकशिपु, दानव राज, प्रह्लाद के पिता।

192. अनख—क्रोध, दुराव।

193. नागर—नगर का रहने वाला।

194. प्राकृत—साधारण।

195. जनपाल—लोगों को पालने वाले।

196. उपल—पत्थर।

197. भल्ल—भालू।

198. सचिव—मन्त्री।

199. मतिमाल—अनेक प्रकार की बुद्धि रखने वाले।

200. शील-निधान—पूरे शीलवाले, मुलाहजा करनेवाले।

201. भरि—भरे रहने वाले।

202. सलील—लीला वाले।

203. आमलक-सदृश—आँवले की तरह।

204. सुशूकर खेत—उत्तम वराह-क्षेत्र।

205. पन्नग—साँप।

206. भरणी—भरणी नक्षत्र। भरने वाली।
207. अरणी—घिसकर आग निकालने वाली लकड़ियाँ।
208. सजीवन मूल—मुर्दे से जिन्दा कर देने वाली जड़ी।
209. असुर-सेन-सम-नरक-कन्दिनी।
210. साधु-विवुध-कुल अचल नन्दिनी—असुरों की सेना जैसे नरक का नाश करने वाली और साधु तथा देवताओं के कुलों के लिए पार्वती।
211. सन्त-समाज-पयोधि-रमा-सी—साधुओं के समाज के समुद्र की लक्ष्मी जैसी।
212. यम-गन-मुँह-मसि—यम के गणों के मुखों पर फूटी स्याही जैसी।
213. शिव-प्रिय-मेकल-शैल-सुतासी—शिव को प्यारी मेकल नाम के गिरि की कन्या पार्वती की तरह।
214. प्रेम-परिमिति—प्रेम की नाप।
215. विवुध-वैद्य-भव-भीम-रोग के—संसार रूपी भयानक रोग के देववैद्य धन्वन्तरि की तरह।
216. सचिव सुभट-भूपति-विचार के—विचार रूपी राजा के वीर मन्त्री।
217. कामद-घन-दारिद-दवारि के—दव, आग या पीड़न से पैदा हुई गरीबी के लिए इच्छाफल देने वाले बादल की तरह।
218. सेवक-सालि-पाल—सेवक रूपी धान को पालने वाले।
219. देव-तरुवर—कल्पतरु, जो इन्द्र के नन्दन-बन में है।
220. राम चरित-राकेश, कर सबको शरद सिताभ—रामचन्द्र जी का चरित्र पूर्णचन्द्र की किरणों के समान है, जो सबको शुभ्र और स्निग्ध आभा देती हैं।
221. अमानी—मान का बोझ लादे न रहने वाले।
222. खोर न लगे—चूक न पकड़ी जाय।
223. वरते हैं—पूजा करते हैं।
224. राम—धामदा—राम का धाम देने वाली।
225. संसरण—आवागमन।
226. छिया—कमजोर पड़ा, दुर्बल हुआ, क्षीण हुआ।
227. दारिद—दावन दारिद्र्य, गरीबी को जलाने वाला।

228. निर्मद—निर्मल, अमल, मद-हीन।

229. वृष-केतु—बैल की ध्वजा रखने वाले—शिव।

230. उदधि—समुद्र

231. मेधा—महि गत बुद्धि रूपी भूमि पर पड़ा हुआ।

232. चिराया—फटा।

233. सुठ—सुष्ठु।

234. वीचि-विलास—लहरों की लीला।

235. पुरइन—कमल के पत्ते।

236. अनूपम—उपमा के अनुसार।

237. मकरन्द—फूल की मधु।

238. सुवासित—सुगन्धित।

239. अवरेव—भँवर, पेंच।

240. सुथायन—अच्छे घर रहने वाले।

241. शम्बुक—घोंघा।

242. सिवार—शैवाल, सेवार, पानी का एक लच्छेदार उद्भिज।

243. काक-बलाक—कौए और बगले।

244. विरूप-माल—विरूपता, बाधा, रुकावट से भरे।

245. निष्पद—बिना घाट वाली, वह जगह, जहाँ ठहरने की जगह नहीं।

246. सम्बल—सहारा।

247. मज्जन—स्नान।

248. नीत—लाई हुई।

249. मानस-विनन्दिनी—मानसरोवर की लड़की।

250. देवधुनि-धारा—गङ्गा की धारा।

251. त्रिविध-तापिका—तीनों प्रकार के ताप देने वाली।

252. बहुघाती—अनेकों घात लगाए हुए।

253. बनज—कमल।

254. परिजन—पड़ोसी।

255. कथोपकथन—बातचीत।

256. सरित-तट—नदी का किनारा

257. विहित-सही।

258. सहानुज—भाई के साथ।

259. अनेक भुज—तरह तरह के।

260. अतुल के—न तुलने वाले, अनुपम के।

261. शमन—काल।

262. पवन-स्वन—हवा की सनसनाहट।

263. निशाचर-अरिता—राक्षसों की दुश्मनी।

264. सुरकुल-सालि-सुमङ्गल करिता—देवताओं के कुल रूपी धान का कल्याण करना।

265. आर्ति—करुणा भरी पुकार।

266. तोष-वितोषण—तृप्ति को भी अच्छी तरह तृप्त करने वाला।

267. दुरित—दुर्गति।

268. बिगोया—बिगाड़ा, गँवाया, गुमाया।

269. पंक-रुह—कमल।

270. सुर-साद—देवताओं को प्रसन्न करने वाली, उत्तम रसपान जिससे होता हो।

271. सवेक—सबुद्धि, छानबीन के साथ।

272. श्रेणी—दर्जा।

273. माधव—विष्णु।

274. वत्सर—साल।

275. टेककर—सानुरोध रोक कर।

276. श्रुति-पुराण-विस्राव—वेद और पुराणों से निकला हुआ, सुनाया हुआ।

277. आकर—प्रकार, खनि।

278. विधुरूम—मधुर।

279. सुरवाकर—सुख की खान।

280. अकृश—न कमजोर पड़ी हुई, पुष्ट।

281. निस्पृह—इच्छा रहित।

282. रति अधिकाई—इच्छा बड़ी।

283. सुषम—उत्तम समता वाले।

284. छोह—उद्वलता, अतुलता।

285. विधिपर—विधाता के बस।

286. अविशेषण—जिसकी कोई तारीफ नहीं।

287. मनोभव-दावन—काम को जलाने वाले।

288. अन्वन्तर—क्षण-क्षण के बाद।

289. मृषा—व्यर्थ, झूठ।

290. ब्रह्मशिरा—ब्रह्मशिर वाले, ब्रह्म ही जिनका मस्तक है।

291. प्रबोध-प्रचारण—सान्त्वना का विस्तार।

292. अन्तर्यामी—हृदय की बात जानने वाले।

293. भुवन-निकाय—भिन्न-भिन्न सम्पूर्ण जगत्।

294. भावी—भवितव्यता, होनहार।

295. सह विवेक श्रम—विचार और मेहनत के साथ।

296. निरत-मन—निविष्ट-चित्त।

297. सुखासन—सुख से बैठे हुए।

298. कर तम पिटता है—उजाले से, प्रकाश से, तम, अँधेरा, पिटता है, दूर होता है।

299. नत प्रणाम पर—बहुत झुक कर प्रणाम-परायण, नमस्कार करने वाले।

300. मुनि प्रवीण के सेवित तारा—विचक्षण मुनियों के सेवा पाये ध्रुव तारा जैसे।

301. विधात्री—ब्रह्माणी।

302. इन्दिरा—लक्ष्मी।

303. अज—ब्रह्मा।

304. विदूषण—दोष पाने वाले।

305. परीक्षण—परिचय, परीक्षा।

306. समुच्चय—सकल।

307. विषाद विशेषण—अधिक दुःख।

308. अविचल-मति—दृढ़ मन वाले।

309. पण—प्रतिज्ञा, दाम।

310. अङ्कुर—उद्भव, उद्गम।

311. कृपासव—कृपा के द्रव, मधु, आसव।

312. महाद्रव—महादयालु।

313. छूँछा—रिक्त।

314. कन—कण मात्र।

315. इतिहास—इतिवृत्त।

316. अखण्ड—न टूटने वाला।

317. अनाला—बेजड़, नाल-रहित।

318. शोक-सम्भार—शोक-समूह, दुःखातिरेक।

319. आरति-हरण—करुणाभरी पुकार को दूर करने वाले।

320. संयुगकर—दोनों हाथ जोड़ कर।

321. नश्वर—नाशवान।

322. सत्य-नोह—सत्य का आगार।

323. सभासद—सभ्य, सभा का सदस्य।

324. मख—यज्ञ।

325. वर-वाहन—उत्तम वाहन वाले।
वाहन-ले चलने वाला पशु॥

326. व्योम-विमान—आकाश के विमान, रथ।

327. सदुन्मुख—सचाई की ओर ताकती हुई, देखती हुई।

328. परिताप—जलन।

329. पड़े भाल वह—माथे पर सिकुड़न पड़ीं।

330. हटक कर—रोककर।

331. अनृत—असत्य, चपलताजन्य कार्य।

332. अन्यस—अन्यथा।

333. शुक्र-सम्भव—वीर्य से उत्पत्ति।

334. चन्द्रमौलि—जिनके मस्तक पर चन्द्र है वह।

335. सुनिकेतन—उत्तम गृह।

336. मेली—डाली।

337. हिस्का—चढ़ा-बढ़ी।

338. आरुणी—सूर्योपासक वाले।

339. सहैतुक—हैतुक, कारण-करण के साथ।

340. कैतुक—झण्डे वाले।

341. उमा-निकेतन—पार्वती के घर।

342. हर्षण—आनन्दकरण।

343. विनिर्मद—अच्छी तरह मद-हीन।

344. सप्तर्षीश्वर—ईश्वर रूपी सातों ऋषि।

345. वाणीश्वर—वाणी के ईश्वर।

346. भगवत्पद—ईश्वर के पद, स्थान वाले।

347. वशंवद—वशीभूत।

348. शिव सम्बोधन से—शिव के कथन से।

349. भक्ति-विवेक-धर्म-रोपण—भक्ति, ज्ञान और धर्म, न्याय्यान्याय कर्म का, ज्ञानपूर्वक परिहार और अनुष्ठान, उसका सन्निवेश।

350. भास्वर—चमकीला।

351. सुनिकेतन—उत्तम गृह।

352. शोभन—फबने वाला।

353. प्रतिमामयी—मूर्त्तिमती।

354. गिरि-सम्भव—पहाड़ से पैदा हुआ।

355. उदासीन—वीतराग, उड़े उड़े मन वाला।

356. अनिकेतन—बिना घर वाला।

357. कपाली—कपाल, मुर्दे की खोपड़ी लिए हुए।

358. सलील-गति—बाँकी चाल वाले।

359. गुण के न्यासी—गुण के जोड़ने वाले।

360. श्रीपति—लक्ष्मीपति, विष्णु।

361. वैकुण्ठ-निवासी—वैकुण्ठ, वह जगह है, जहाँ कुण्ठा, हिचक नहीं रह जाती, वहाँ के रहने वाले।

362. कनक-पत्थर का तोड़ा—सोना, पत्थर के तोड़ से, ताव से निकला है।

363. वरिष्ठता—श्रेष्ठता, भलमनसाहत।

364. कौतुकियों—तमाशा करने वालों।
365. अम्बा—माता।
366. मुनि-चय—ऋषिवर।
367. सञ्जात—पैदा हुआ।
368. सुविस्तर—बहुत अधिक।
369. रीते—खाली, रिक्त।
370. अजर—जरा, वार्द्धक्य से रहित।
371. दनुज-निधन—दानव का नाश।
372. शम्भु-शुक्र-सम्भूत—शिव के वीर्य से पैदा हुआ।
373. क्षोभ—उत्तेजन।
374. सोद्यम—प्रयत्न के साथ।
375. बरियाकर—जोर डाल कर
376. विषम-वाण—तीखे तीर चलाने वाले।
377. झष-केतन—कामदेव।
378. शिव-रोध—शंकर का विरोध।
379. ध्रुव—अवश्यम्भावी।
380. वारिचर—मीन-केतन, काम, मार।
381. श्रुति-सेतु—वेदों की मेंड़ें।
382. विवेक-भट—विचार की सेना।
383. पर्वत-कन्दरों—पहाड़ की गुहाओं में।
384. करतार—हाथ का तन्त्र।
385. सजीव—मूर्त्तिमान।
386. जगखरभर पड़ा—संसार में चपलता छा गयी।
387. तिर्यग्दृगों—टेढ़ी भौंहों, आँखों।
388. चर-अचर—चलने और न चलने वाले।
389. नारि-पुरुष के नाम—नारि और पुरुष कहलाने वाले।
390. मदन-अभिलाषा—काम की इच्छा।
391. पयोनिधि—समुद्र।
392. मनसिजहरे—काम से हरे, खींचे हुए।

393. उबरे—बचे।
394. सुखाले—सुखी।
395. दुराधर्ष—न गिराए जा सकने वाले।
396. उपाय-विघाती—उपाय से विघात पैदा करने वाला।
397. उपाय—प्रयत्न, विघात-प्रतिघात।
398. ऋतुराज—वसन्त।
399. नव-तरु-राजि—नये पेड़ों की कतार।
400. वापी—बावली।
401. तड़ाग चय—तालाबों का समूह।
402. दिग्भाग—दिशा खंड।
403. नवल-वय—नई उम्र वाला।
404. मार—काम।
405. मनोभव—काम।
406. बन-सुभगता—अरण्य की सुन्दरता।
407. शीतल-सुगन्ध-सुमन्द मारुत-मदन-अनल-सखा-सही—ठंडी, खुशबूदार, बहुत धीरे-धीरे बहती हवा, मतवाली करने वाली है, वह सही माने आग की साथी है।
408. विकसे क़मल बहुरंग, गूँजे पुञ्ज, मञ्जुल मधुकरा—अनेक रंगों के पद्म खिले, गूँजे, मधु तैयार करने वाली प्रकृति खुश हुई, मधुमक्खी खुश हुई।
409. हृदय-निकेत—कामदेव।
410. निपट-रसाल-विटपवर-शाखा—सही सही आम का पेड़, अच्छी डालों वाला।
411. मन माखा—मन से नाखुश।
412. सुमन—चाप पर सर सन्धाने-फूल के धनुहें पर तीर ताने।
413. सविशेष—विशेष रूप से।
414. ईश-मन—शिव के मन में।
415. सौरभ-पल्लव—खुशबूदार पत्तों के बीच सौरभ, सुगन्ध है जिनके पल्लव, पत्ता, किनारा में वह (बहुब्रीहि)।
416. लोकेश्वर-लोकपाल, एक-एक लोक के अधिनायक।

417. क्षार-राख।

418. सुखाशय-सुख की इच्छा रखने वाले। सुख, माङ्गल्य है आशय, स्थल, इच्छा जिनका वे (बहुब्रीहि)।

419. निष्कण्टक—निरुपद्रव, जिनके काँटे निकल गये हैं।

420. आशुतोष—शीघ्र तुष्ट होने वाले।

421. ब्यापे—फैलेगा।

422. वपु—शरीर।

423. मिलन-प्रसंग—मिलने का हवाला।

424. महाभार—विशाल आकार वाला।

425. महि-भार—संसार का भार।

426. चन्द्रमौलीश्वर—वह प्रभु, जिनके मस्तक पर चन्द्र है।

427. साँसत—कशमकश, द्विविधा।

428. अङ्गीकार—स्वीकार।

429. स्मर-हर—काम को जलाने वाले, महादेव।

430. दुन्दुभि—भेरी।

431. विजय सरसाई—जीत फैलाई।

432. सिरजा—सर्जन किया, निर्माण किया।

433. अनवद्य—कुछ न लेने वाला।

434. अज—न पैदा होने वाला।

435. मन्मथ—काम।

436. मन्मथ-शिव की तरह बुलाए—मन्मथ और शिव की तरह की प्रकार को बुलाता है, यानी नाश को ले आता है।

437. सुगत—उत्तम रूप से जाने हुए।

438. मदन-दहन सुनकर न समाई—मदन का जल जाना सुनकर गिरि-पति के हृदय को भरोसा न हुआ।

439. सुचाई—सोचवायी, बिचरवायी।

440. वेद-विधि लगन धराई—वेद के विधान से लग्न रखवायी।

441. पद-गत—पैर पकड़ कर की जाने वाली, पद, स्थान के अनुसार।

442. शम्भु-गणों ने किया—शम्भु के गणों ने बनाया, रचा, तैयार किया।

443. सिंगार—शृंगार किया।

444. ब्यालाभूषण–साँपों के गहने।

445. केहरि-चर्मासन–सिंह की खाल का आसन।

446. श्री उपवीत-भुजङ्गा–श्री, चारुता, साँपों के जनेऊ वाली है।

447. बसह–बैल।

448. सुर-समाज सब भाँति अनूपम–देवताओं का समाज सब तरह की उपमाओं से फबने वाला है।

449. कुल-बरात, तुल, दूलह दुलम–कुल बारात में तुलना करने पर दूल्हे की जोड़ नहीं मिलती, दूलह दूलम है।

450. दिशि-राज–दिक्पति।

451. वर अनुहर–वर के अनुसार, माफिक।

452. बसते हैं–सुगन्ध देते हैं।

453. भृङ्गी–नन्दी की तरह शिव का एक गण।

454. शीश-चरण–पैर सर पर रक्खे हुए, जल्दी।

455. वाहिनी–दृढ़, सेना, फौज।

456. रुख-मुख।

457. पीन–मोटा।

458. कलाप कर–तमाशा दिखाने वाले।

459. सद्य-शोणित-तन-भरे–निकलते हुए खून से लथपथ।

460. खर–गदहा।

461. शृगाल–स्यार।

462. वितान हैं–लता-मण्डप हैं।

463. सुपासे–अच्छी तरह रक्खे।

464. तोरण–प्रवेश द्वार।

465. बनिता–स्त्री।

466. आगामन–अगवानी।

467. पराने–भगे।

468. जम की धार–मौत की राह।

469. बौराह–पागल।

470. क्षर–नष्ट, इतर, नीचे।

471. कंचन–सोना।

472. विकट-वेश—बुरे भेष में।

473. स्याम-सरोज-नयन—नील-कमल वाली आँखों।

474. बौर—पागल।

475. कल्पतरु—कल्प वृक्ष, इच्छानुसार फल देने वाला पेड़।

476. तुम-सहित—तुम्हारे साथ।

477. अपजश हो जग—संसार में बुराई भी क्यों न हो?

478. जीवित विवाह न मैं करूँ—जीते जी विवाह मैं न करूँगी।

479. तपोविवाह किया बौरे वर—पागल वर के साथ तपस्याजन्य विवाह कराया।

480. पर-घर-घालक—दूसरे का घर तोड़ने वाले।

481. बाँझ—जिसके लड़का नहीं।

482. प्रसव की पीड़ा—बच्चा जनने का दर्द।

483. सम्प्रति—इस समय।

484. अङ्कविधि—भवितव्यता, विधाता के अक्षर।

485. कलङ्क-निधि—बुराइयाँ, बदनामियाँ।

486. तुहिन-गिरि—बर्फ वाले पर्वत।

487. जग-सम्भव-पालन लयकरणी—संसार में होने वाले पालन और विनाश को करने वाली।

488. लीला-वपुधरणी—लीला के लिए, सेल के लिए शरीर धारण करने89वाली।

489. सीता परिच्छद—सीता का वेश।

490. मेना-हिमगिरि आनन्दे—मेना और हिमगिरि प्रसन्न हुए।

491. हाटक-घट कल—बाजारों के सुन्दर कलश।

492. सूपकारता—पाकशास्त्र।

493. चोंच मढ़ाई सोने—मधुर मधुर गालियाँ गाईं।

494. जग की छवि छोहे—जग की, संसार की, सुघरता को स्नेहसिक्त करे।

495. सुन्दरता-मर्याद—सुन्दरता, चारुता की सीमा।

496. तुरग—घोड़ा।

497. नही मानो पर—जिसकी नाप नहीं।

498. श्वशुर-परितोष—ससुर की प्रसन्नता।

499. याचक—मँगते।

500. अति-हेतु—बहुत से कारणों वाले।

501. वृषकेतु—बैल की ध्वजा वाले महादेव (को)

502. सरित-शैल—सर सब-घर-साजा—सरिताओं, पहाड़ों और सरोवरों को सब घरों में सज्जित किया।

503. आदर-दान-विनय बहु-मानों—समादर, दान, विनती और अनेक प्रकार के सम्मानों से।

504. सुख-खानों—सुख की खानों, आकरों से।

505. सुर-सब ने निज लोक सँवारे—कुल सुरों ने अपने अपने लोक को सज्जित किया।

506. जगज्जनक-जननी—संसार के माता-पिता।

507. उनका तभी सिंगार न सिरजा—तभी मैंने उनके शृंगार की लीलाओं की वर्णना न की।

508. षटवदन—छः मुँह वाले, कार्त्तिकेय।

509. तारक-असुर-समर-मण्डल जित—लड़ाई के मैदान में तारक नाम के असुर को जीतने वाले।

510. पुरुषार्थ—पुरुषकार, मर्द का काम।

511. चरित-सिन्धु—चरित्र-सागर।

512. रोएँ खड़े हुए दृग निर्झर—पुलक से रोमावली खड़ी हो गई और आँखें झरने हुईं।

513. ज्ञान-दशा-सुख—समझदारी की दशा वाला आनन्द जिनको मिला, वे।

514. वर-नारी—सुन्दरी स्त्री।

515. सुतार—अच्छी तरह तार देने वाले, अच्छे सोपानों वाला, अच्छी सीढ़ियों वाला, उत्तम तन्त्री वाला, सजा हुआ।

516. अहीश्वर—सर्पों के स्वामी, नागराज।

517. हरिहर-स्मरण-शरण—विष्णु और शङ्कर के ध्यान के आश्रय में।

518. दयिता—स्त्री, नारी।

519. दारु—लकड़ी।

520. कारु—कारीगरी।

521. दायिता-दारु-कारु के—कठपुतली के चलाने के सूत्र-धर, कठपुतली के कारीगरी के मालिक।

522. अविशद विशद—बुरे और अच्छे।

523. सुनिभृत—बहुत एकान्त।

524. तपोधन—तपस्या ही जिनका धन है, ऐसे।

525. सुख-कन्द—आनन्द की जड़।

526. महाच्छद—लम्बी छाँह वाले।

527. तुहिन-मुकुटोज्ज्वल—बर्फ की चोटी वाले मुकुट से उज्ज्वल।

528. नव-तर कर—नई से नई किरण।

529. कल-सर-शतदल—सुन्दर मानसरोवर के कमल।

530. सुग—अच्छे अच्छे जगाने वाले।

531. भुजग-भूति भूषण—साँप और राख को आभूषण, अलंकार किए हुए।

532. काम-रिपु—शिव।

533. लावण्य-निधि—सुन्दरता की राशि।

534. पति-हिय-हेतु—स्वामी के हृदय का कारण।

535. सुमुख—प्रसन्न।

536. विधान-मान-बहु—विधियों और नापों के अनेक प्रकार वाली।

537. जपते हो सिर पर रखकर तिन—बहुत छोटे बनकर जपते हो।

538. नारी-विरह विभोर—स्त्री के वियोग में डूबे हुए।

539. अनीह—माया-रहित।

540. श्रुति-सिद्धान्त—वेदों के सिद्ध किए विषय।

541. योषित—स्त्री।

542. आर्ति—कारुण्य।

543. सुखसील—भले भले रहने वाले, जिनके देखे सुख होता है।

544. सलील—लीलाओं से भरे।

545. करुणायतन—करुणा की हद, दया की हद।

546. अति-मानव-कृति—वह काम करने वाले जो मामूली आदमी से नहीं होता।

547. विशेष-विवेक-पौर—खास अक्ल की जगह रखने वाले।

548. इतर—साधारण।

549. पामर—मन्द, पापी, दुष्ट।

550. पुलक—कम्प, रोम-हर्ष।

551. रज्जु-भुजङ्ग—रस्सी और साँप।

दशरथ-अजिर-विहारी—दशरथ के घर और आँगन में रहने वाले।

552. श्रवण-रन्ध्र-अहि-भवन—कान के बिल को साँप का घर समझ लिया।

553. आँखों-देखा नहीं साधुजन, लोचन मोर पंख आलेखन—
अपनी आँखों से देखा हो ऐसा साधु नहीं मिलता अर्थात् सुनी बात सब लोग कहते हैं, इसलिए आँखों को मोर के पंखे समझना चाहिए, जिनमें आँखें बनी रहती हैं पर देखने की ताकत नहीं।

554. कटु तूँबीसम—कड़ुवे कोंहड़े की तूंबी की तरह।

555. दादुर—मेढ़क।

556. कुलिश कठोर—बज्र की तरह कड़ा।

557. दनुज-विमोहन-शीला—राक्षसों को, दैत्यों को मोहने वाली।

558. सब दुख हान—कुल कष्टों की इति।

559. श्रुत—सुनी हुई।

560. मोह-प्रमाद सुनाई—भ्रम और मायाजाल के कारण सुनाई हुई है?

561. अकोविद—अज्ञानी।

562. लम्पट—कामी।

563. मुकुर-मलिन-मन—जंग लगे शीशे की तरह काले मन वाले।

564. नयन हीन—बिना आँख वाले।

565. जल्पें-कल्पें—कहते और सोचते हैं।

566. विकुष्ठित—बहुत दबा हुआ।

567. वातुल—पागल।

568. दनुजारि—राक्षसों के शत्रु, दैत्यों के दुश्मन।

569. भ्रम-तम-रवि-कर—मोह रूपी अन्धकार के लिए सूर्य की किरण।

570. जोहा—देखा।

571. जल-हिम-उपल—पानी बर्फ और ओले।

572. तिमिर-पतङ्ग—अन्धकार के लिए सूर्य।

573. लव—क्षण, अल्प मात्र।

574. मर्ष—क्रोध, पराभव।

575. परावर—परा, श्रेष्ठ विद्या के वर, पति।

576. गगन-घन-पटल—आकाश के बादलों के टुकड़े।

577. झाँपा—ढँका।

578. अविकच—अज्ञ, अप्रस्फुट।

579. नभ-तम-धूल-धूम—आकाश का अँधेरा, धूलि और धुआँ।

580. इसी सत्यता से जड़ माया, विश्व भास है, मोह सुहाया—
इसी सचाई के कारण माया ही विश्व के रूप से समुद्भा-सित, प्रकट, जाहिर है। यह माया सुहाती है।

581. द्रुति—जल्दबाजी से।

582. वास-विशेषण—सुगन्ध की विशेषता, अच्छी अच्छी खुश्बू।

583. भव-वारिधि गोपद तरते नर—संसार-समुद्र को गौ के खुर के जल की तरह लोग पार कर जाते हैं।

584. भव-भञ्जन-वचना—संसार छुड़ाने की बातचीत वाली।

585. कुतर्क—बुरे वाग्जाल।

586. असम्भावना—अनहोनी।

587. अग्लानि—जिनके प्रतिक्रिया, थकान खुमार नहीं।

588. शरदातप—शरद काल की धूप।

589. किंकरी—दासी।

590. त्रिपुरेश्वर—त्रिपुर के पति।

591. भववारण—संसार को, आवागमन को रोकने वाले।

592. पराशय—श्रेष्ठ स्थिति वाली।

593. ज्ञानि सुनी विहगपति गरुड़ ने—चिड़ियों के स्वामी ज्ञानवान् गरुड़ ने।

जै जै सियाराम
बृजेन्द्र